하루를 설레게 만드는 작은 습관

모닝 루틴

하루를 설레게 만드는 작은 습관

모닝

MORNING ROUTINE

루틴

쓰카모토 료 지음 | 장은주 옮김

위즈덤하우스

"Things are always better in the morning."
아침에는 항상 상황이 나아집니다.

―하퍼 리, 《앵무새 죽이기》 중에서

열등감으로 똘똘 뭉쳤던 내 인생의 터닝 포인트는 고등학교 2학년 때 찾아왔다. 초등학교 때부터 공부와 담을 쌓았던 나는 고등학교 1학년 모의고사에서 성적이 바닥을 치면서 대학은 꿈도 꾸지 못할 지경에 이르렀다. 고등학교 시절의 나는 할 줄 아는 거라고는 싸움질밖에 없는 문제아였는데, 그런 나와 작별할 순간이 어느 날 불쑥 다가온 것이다.

한 아이와 사소한 일로 다퉜을 때의 일이다. 이제 끝이 났다 싶던 찰나, 그 아이가 내 얼굴을 향해 무언가를 내뿜었다. 그 순간, 얼굴이 타들어 가는 듯한 통증이 밀려왔다. 최루 스프레이를 뿌린 것이다. 얼굴을 움켜쥐고 주저앉은 사람은 나뿐만이 아니었다. 가까이에 있던 수십 명의 아이가 얼떨결에 최루 스프레이를 맞고 보건실과 병원으로 옮겨졌다. 그 일로 나는 2주간 정학에 자택 근신 처분을 받았다.

집 밖을 나가지 못했던 그 기간은 뭘 해도 따분했다. 그때 문득 '책이라도 읽어볼까?' 하는 생각이 머릿속에 맴돌았다. 부모님과 동행하면 외출할 수 있기에 얼른 서점에 데려가 달라고 부모님을 졸랐다. 서점에서는 눈에 들어오는 책을 잡히는 대로 몇 권씩 사왔다. 마음 어딘가에서 '이러다간 큰일 난다!'라고 외쳤기 때문이다.

그 당시 읽었던 책 속 한 마디 한 마디가 열여섯 살 내 마음에 불을 지폈다. 세상을 삐딱하고 부정적으로만 바라보던 사고방식이 내 안에서 서서히 변화하고 있음을 느꼈다. 책을 읽으면 읽을수록 '나를 바꾸고 싶은' 생각이 간절하게 들었다.

정학 처분이 풀린 후 공부에도 조금씩 재미를 붙이자 성적이 차츰 올랐다. 그 무렵에 욕심이 생겨 좀 더 일찍 일어나서 공부를 하자고 마음을 먹었다. 이렇게 나는 어떤 운명적인 한 걸음을 내디뎠다.

일찍 일어나기의 효과는 즉시 나타났다. 뇌가 지친 밤에 새로운 지식을 억지로 집어넣기보다 뇌가 산뜻한 아침에 공부했더니 놀랄 만큼 진도가 쑥쑥 나갔다.

나에게 아침 5분은 밤 1시간에 맞먹는 효과가 났다. 밤에는 졸린 눈을 비벼가며 몇 번씩 참고서를 봐도 전혀 머리에 들어오지 않았는데, 아침은 정반대였다. 5분에 수십 페이지씩 진도가 나갔고 단번에 내용이 이해됐다. 신기할 정도로 머리가 맑아 지식을 스펀지처럼 쭉쭉 빨아들였다.

아침 시간의 위대함을 깨달은 나는 그 후로 일찍 일어나는 습관을 들여 모든 시험공부는 아침에 끝냈다. 그러자 모의고사 성적도 급격히 올라 우등생과 어깨를 나란히 하기에 이르렀다. 자신감이 붙은 나는 일찍 일어나는 게 즐거워졌고 공부도 탄력이 붙었다. '일찍 일어나기'는 마치 나를 다시 태어나게 하는 깨달음 같았다.

결과적으로 나는 성적이 일취월장하여 꿈도 꿀 수 없었던 명문 도시샤대학에 합격했다. 그 후에는 영국 케임브리지대학원 심리학과에 지원해서 합격했다. 아침 시간을 제대로 활용하지 못했다면 합격의 기쁨을 절대 누릴 수 없었을 것이다. 아침 시간이 내 것이 되자 하루하루가 더없이 즐거워졌다.

케임브리지대학원을 졸업한 후에는 창업해서 지금은 학생과 사회인의 해외 유학을 돕는 일을 하고 있다. 나는 컨설팅을 받는 사람들에게 아침을 잘 활용하는 모닝 루틴 만들기를 가장 먼저 추천한다. 덕분에 내가 컨설팅한 200여 명의 학생과 사회인이 모두 원하는 세계 유수의 대학에 진학할 수 있었다.

아침 시간은 누구의 방해도 받지 않고 나만을 위해 사용할 수 있는 유일한 시간이다. 다른 시간보다 상대적으로 여유롭기에 평소 미뤄뒀던 일이나, 새로운 도전도 할 수 있다. 하지만, 일찍 일어나는 건 말처럼 쉽지 않다. 마음을 굳게 먹었더라도 일찍 일어났다가 다시 잠이 든 경험을 누구나 해보았을 것이다.

일찍 일어나기를 지속시키는 힘은 고정된 아침 습관의 반복에서 나온다. 나에게는 설레는 아침을 맞이하는 일정한 아침 패턴, 즉 나만의 모닝 루틴이 있다.

일어나자마자 일련의 행동을 할 수 있도록, 잠자기 전 단계부터 설계된 모닝 루틴은 내 안에 습관으로 자리잡아 하루를 자동으로 척척 진행하게 해준다. 덕분에 나는 늘 최고의 아침 시간을 보낼 수 있다. 앞으로 자세히 설명하겠지만, 지금 나의 모닝 루틴은 대략 이렇다.

전날 밤, 아무리 바빠도 저녁 식사를 8시까지 마친다. 샤워 후 5분간 스트레칭을 하고, 취침 전에 5분간 '내일 할 일'을 적는다. 11시 30분에 잠들어 6시간 숙면을 하고, 오전 5시 30분에 일어난다.

아침에 일어나면 가장 먼저 방의 커튼을 활짝 젖히고, 햇볕을 쬐며 신선한 공기를 가슴 가득 들이마신다. 샤워하기 전에 체중계에 올라 체중의 변화를 확인한다. 미지근한 온도로 샤워를 하고, 좋아하는 홍차를 마시며 두뇌를 깨운다. 6시가 되면 집필이나 독서를 시작하고, 7시 30분경에는 산책을 하거나 헬스장에 간다. 그 후에는 그대로 카페로 직행해서 중요한 업무를 처리한다.

이 책에서 나는 케임브리지대학원에서 배운 심리학 지식과 내가 겪은 수많은 성공 사례를 바탕으로 아침이 설레는 모닝 루틴을 만드는 방법, 모닝 루틴을 지속시키는 트리거, 모닝 루틴을 유지하는 평소의 습관 등에 대해 이해하기 쉽게 차례차례 들려주려고 한다.

우리 함께 맑은 공기를 마시며, 기쁨으로 가득한 아침을 맞이하자. 무언가에 주도권을 빼앗겨 쫓기는 삶이 아니라, 스스로 주도권을 쥐고 하루하루를 능동적으로 살아가자. 그리고 무엇보다 인생을 즐겁게 만끽하자. 이 책이 여러분의 아침을 극적으로 바꾸는 계기가 되기를 바란다.

차례 ──────────────

5장 — 모닝 루틴을 유지하는 평소의 습관

Chapter 1

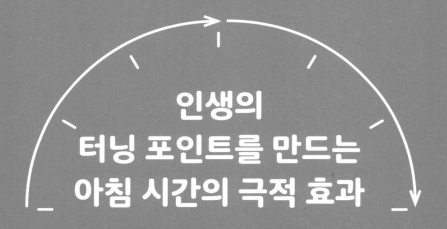

인생의
터닝 포인트를 만드는
아침 시간의 극적 효과

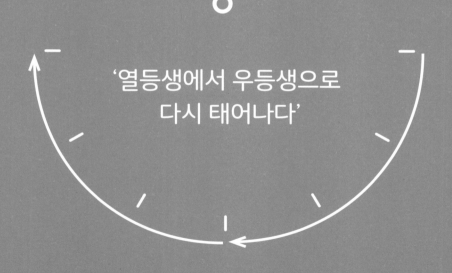

'열등생에서 우등생으로
다시 태어나다'

아침 5분은 밤 1시간의 효과가 있다.
아침 시간을 활용하면
그날 하루의 '양' 자체는 달라지지 않지만,
시간의 '질'이 비약적으로 높아진다.

아침 5시에 일어나
두뇌를 풀가동한다

▶ 머리가 가장 맑고 깨끗한 아침 시간

일찍 일어나는 사람이라면 누구나 실감할 것이다. 아침 시간에는 밤 시간과 비교할 수 없이 공부나 일이 순조롭게 풀린다. 뇌과학책에서도 자주 소개하듯이, **기상 후 2~3시간은 '두뇌의 골든타임'이라 불리는 시간대다.** 우리의 뇌는 자는 동안 정리되어 아침에 일어났을 때는 정비된 그라운드처럼 말끔한 상태가 된다.

그래서 조금 어려운 책을 읽어도 내용이 머리에 쏙쏙 들어오고 반짝이는 아이디어가 샘솟는다. 어지럽게 흩어져 있던 정보들이 자는 동안 정리되기 때문이다. 아침 시간의 위대함을 알게 된 뒤부터 나는 아침에 일찍 일어나 집중력이 필요한 일이나 공부를 한다.

▶ 일찍 일어나기 효과에 눈뜬 고2 시절

지금의 나는 아침 일찍 일어나 시간을 효율적으로 보내지만, 고교 시절에는 정반대였다. 아침 훈련이 있다는 이유로 축구부를 그만둘 정도였다. 간신히 지각만 면할 정도로 늦잠을 잔 탓에 매일 시간에 쫓겨 허둥지둥했다.

고등학교 1학년 모의고사에서 성적이 바닥을 친 후로는 '어차피 나란 인간은 구제 불능'이라며 한층 더 부정적인 사고의 늪으로 빠져들었다. 그런 내가 고등학교 2학년 때 근신 처분을 받은 것을 계기로 일찍 일어나기의 효과에 눈을 뜨게 된 것이다.

그전에는 어떻게 살아야 할지 막막했는데, 일찍 일어나니 갑자기 긍정적인 기분이 들어 진로에 대해 진지하게 고민할 시간을 갖게 되었다. 그 후 대입 공부를 시작하면서 본격적으로 일찍 일어나게 되었다.

아침은 두뇌의 골든타임!

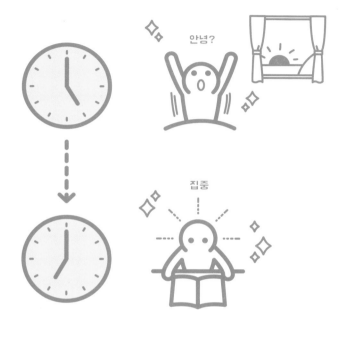

안녕?

집중

최고의 집중력이 발휘돼 공부도 일도 척척 진행된다.

▶ 공부를 시작했지만 졸려서 할 수가 없었다

공부를 시작하고 성적이 조금 오른 고3 봄에 대학에 가겠다는 결심을 했다. 그때까지 착실하게 공부를 하지 않은 탓에 전혀 기초가 잡혀 있지 않았다. 고등학교 참고서는 봐도 이해하지 못할 때가 많아 중학교 참고서부터 다시 공부해야 할 형편이었다. 역사 과목은 초등학생이 읽는 역사책을 사서 복습했을 정도다. 이 시점에서 국공립 대학을 목표로 하는 것은 아무래도 비현실적이었다. 간신히 노려볼 만한 곳으로는 세 과목만 시험을 보는 사립 대학뿐이었다. 나의 경우, 제로는커녕 마이너스에서 시작했기에 착실히 공부하더라도 도저히 시간이 부족했다.

고등학교 3학년 때부터는 입시학원에 다니기 시작했지만, 수업을 따라가기도 벅차 예습은 고사하고 복습도 제대로 할 수 없었다. 전부 처음 배우는 것뿐이라 어려웠고, 공부 계획을 세워도 계획대로 되지 않았다. 참고서를 보는 속도도 느린 데다 이해하지 못하는 것투성이라 한 단원을 떼는 데 다른 사람보다 두 배의 시간이 걸렸다.

저녁 8시경 책상에 앉았다가 문득 정신을 차리고 보면 한밤중이었다. 하지만 겨우 몇 문제만 풀었을 뿐이라 변명조차 무색했다. 매일 밤 야심 차게 책을 펼쳤으나 진도가 나가지 않아

어디서부터 어떻게 손을 써야 할지 난감했다.

▶ 시간의 재고조사를 하다

'이러다간 큰일 나겠구나!' 정신이 번쩍 든 나는 일찍 일어나 공부할 시간을 만들기로 했다. 먼저 하루 일정을 파악하기 위해 버티컬 타입의 위클리 수첩(186~187쪽 참고)에 내가 시간대별로 무엇을 하는지 써 내려갔다. 아침부터 저녁까지는 학교 수업이 있었고, 하교 후에는 입시학원 수업이 있었다.

그렇다면 학교에서 배운 것은 언제 복습할까? 배운 것을 지식으로 정착시키려면 복습이 가장 중요하지만, 돌아보니 나는 복습을 전혀 하지 않고 있었다. 새로운 지식을 늘리려고 해도 뒤돌아서면 잊어버리니, 배운 것은 바로 복습하는 게 좋다고 생각했다. 또 주말에 몰아서 복습하는 것만큼은 피하고 싶었다.

심리학자 에빙하우스의 망각곡선에 따르면, 우리의 기억은 20분 후에는 40%가 뇌에서 사라지고 1주일 후에는 74%가 사라진다고 한다. 배운 것을 지식으로 정착시키려면 배운 것과 복습의 간극을 어떻게든 메우는 게 관건이다. 그래서 나는 복습 시간을 늘리려면 아무리 생각해도 아침 시간밖에 없다는 결론에 이르렀다.

▶ 일찍 일어나는 습관을 만들자 성적이 급상승했다

아침에 두 시간 정도 공부할 요량으로 5시에 일어나기로 했다. 첫날은 어찌나 졸리던지, 그래도 졸린 눈을 비비며 억지로라도 책상에 앉아 있었다. 일단 참고서를 펼치자 신기하게도 정신이 번쩍 났다. 갑자기 집중력이 높아져 처음 30분은 눈 깜빡할 새 지나갔다.

아침 공부의 효과는 기대 이상이었다. 참고서 내용이 놀랄 만큼 머리에 쏙쏙 들어왔고 조금 어려운 문제도 포기하지 않고 끝까지 풀 수 있었다. 원래 아침 시간은 복습을 위해 활용할 계획이었지만, 그 후론 복습뿐만 아니라 새로운 분야의 공부도 아침 시간을 활용했다. 현대문이나 고문 독해, 영어 장문 독해 같이 집중력이 필요한 공부를 아침에 했더니 성적이 쑥쑥 올랐다.

케임브리지대학원 수험 공부를 할 때도 마찬가지였다. 영어 소논문을 쓰거나 수준 높은 문제집을 풀 때 역시 아침이 최적이었다. 나는 지금도 집중력이 필요한 업무는 아침 시간을 활용한다. 책 집필도 아침에만 한다. 아침에는 아이디어가 샘솟아 시간을 의미 있게 보낼 수 있기 때문이다.

아침 시간을 효과적으로 사용하려면

···································· 체크 ····································

아침에 복습하니 공부한 게 전부 흡수됐다!

····································

2

나를 컨트롤할 수 있어
자신감이 생긴다

▶ 해도 안 된다는 피해의식에서 벗어나다

일찍 일어남으로써 얻은 것은 성적 향상만이 아니었다. 일찍 일어나는 습관은 나에게 자신감을 불어넣어 주었다. 자신감의 원천에는 항상 행동이 있다. 행동해서 얻은 성과가 자신의 기대와 일치되면 사람은 자신감이 생긴다.

예전의 나는 이와 반대로, 행동해도 성과를 얻지 못해 자신감이 바닥을 쳤다. 초등학생 때부터 학원을 전전했지만, 성적이 오르지 않아 부모님께 실망을 안겨드렸기 때문이다. 당시의 나는 '어차피 난 뭘 해도 안 돼', '난 공부 체질이 아니야'라는 생각에 사로잡혀 있었다.

이를 심리학 용어로 '학습성 무력감'이라고 하는데, 이 학습성 무력감은 무기력 상태를 불러들인다. 그 전형적인 모습이 바로 나였다. 나는 공부할 의욕을 잃고 매일 욕구불만만 쌓여 갔다.

사람은 자신을 컨트롤할 수 있다는 감각을 잃으면 자신감이 사라진다. **자신감을 가지려면 자신을 컨트롤할 수 있다고 생각되는 체험을 쌓을 필요가 있다. 일찍 일어나기는 이 감각을 키우기에 적격이다.** 일찍 일어나기 위해서는 먼저 수면 시간을 조절하거나 여유 시간을 재점검하는 등 시간을 의식적으로 관리하게 된다. 그러면 일에 쫓겨 시간에 휩쓸려 다니던 상황이 몰라보게 달라진다.

시간을 관리해 '하루를 컨트롤할 수 있다'는 감각을 갖게 되면 '자신을 컨트롤할 수 있다'는 감각이 만들어지게 된다. 이 감각의 축적이 자신감을 키운다. 자신감 제로는커녕 마이너스였던 내가 아침 5시라는 스스로 정한 시간에 일어남으로써 뭘 해도 안 된다는 부정적인 사고에서 벗어날 수 있었다.

또한 '하면 된다'라는 긍정적인 사고로 바뀌면서 공부도 적극적으로 하게 되었다. 성적이 떨어지면서 자존감이 바닥을 쳤던 그 상태에 그대로 있었더라면 작은 일에도 좌절해서 공부도 일찌감치 포기하게 되지 않았을까.

하지만 '하면 된다'라는 경험이 축적되니, 열심히 하면 대학에 합격할 수도 있다는 희망이 싹텄다. 그래서 끝까지 달려나갈 수 있었다. 이렇게 자신감이 주는 힘은 무한하다. 일찍 일어나기에 도전하면 그 힘을 바로 체험할 수 있다.

행동하면 자신감이 붙는다.

 늦잠을 반복하고 있다면

 일찍 일어날 수 있다면

체크

일찍 일어나면 자신감이 쑥쑥!

3

목표를 달성하는
선순환이 만들어진다

▶ 언제 하느냐에 열쇠가 달려 있다

일이나 공부에서 성과를 내려면 '무엇을 할까(What)?', '어떻게 할까(How)?', '왜 그것을 할까(Why)?', '어디서 할까(Where)?', '누구와 할까(Who)?'를 명확히 하는 것이 꼭 필요하지만, 그에 못지않게 '언제 할까(When)?'도 중요하다.

나는 밤에 공부할 때는 '전혀'라고 해도 좋을 만큼 성적이 오르지 않았다. 하지만 공부하는 시간대를 밤에서 아침으로 바꿨을 뿐인데 갑자기 성적이 오르기 시작했다. 밤에 하는 공부는 계속해도 효과를 기대할 수 없을뿐더러 동기부여가 낮아진다. 그 이유는 뭘까?

집에 돌아와 저녁을 먹고 피로한 뇌를 억지로 깨워 많은 정보를 담으려고 하면 뇌는 그 정보를 매끄럽게 받아들이지 못한다. 식후에는 혈당치가 오르고, 혈당치가 오르면 사람은 생리적으로 졸음이 온다.

게다가 **하루의 끝은 뇌도 피로에 절어 있어 새로운 것을 배우거나 생각하기 어렵다.** 이럴 때 스스로에게 채찍을 가해서 좋을 건 없다. 머리가 생각대로 움직이지 않는데 '꼭 해야만 한다'라고 자신을 채찍질하면 스트레스를 느껴 자기효능감이 저하되고 동기부여가 잘되지 않는다.

자기효능감이란 '자신에 대한 기대감'이다. 잘할 수 있을 거라는 감각이다. 이 감각은 상황을 스스로 컨트롤할 수 있을 때 느낄 수 있으며, 이 감각이 저하되면 동기부여 효과도 떨어진다. 따라서 악순환에 빠질 수밖에 없다.

▶ 아침을 보내는 패턴이 하루 전체를 좌우한다

같은 업무라도 밤이 아닌 아침에 해서 일이 술술 잘 풀린다거나 의욕이 샘솟는 감각을 느껴보자. 하루의 시작인 아침을 기분 좋게 맞으면 온종일 사기가 높아져 그야말로 일석이조

의 효과가 난다. 나는 많은 사람의 목표 달성을 돕는 일을 해
오면서, 아침 공부를 할수록 좋은 결과를 얻을 확률이 압도적
으로 높다는 사실을 알게 되었다.

　일찍 일어나면 동기부여가 잘되고 목표를 달성할 수 있는
선순환이 생긴다. 하루의 시작인 아침을 보내는 패턴은 하루
전체를 좌우할 만큼 큰 힘을 발휘한다. 스스로 정한 규율이나
하고 싶은 것이 있다면 꼭 아침 시간을 활용해보자.

아침 시간을 효과적으로 사용하려면

아침은 '할 수 있다'라는 긍정적인 기분이 들어
뭐든 순조롭게 척척!

4

고효율 체질로
거듭난다

▶ 시간이 없는 사람에게는 '일찍 일어나기'가 특효약

"너무 바빠 도저히 시간을 낼 수 없어요."

"자격시험 공부를 계속 미루고 있는데…."

"헬스장에 가고 싶은데 좀처럼 시간이 나지 않아요."

이렇게 누구나 많든 적든 시간이 없다는 고민을 안고 있다. 이런 고민을 해소하는 간단하고 빠른 방법이 일찍 일어나는 것이다. 일찍 일어나면 시간에 대한 의식이 저절로 높아진다. 이른 아침은 머리가 깨어 있는 데다 의욕도 넘친다. 독서, 공부, 일 등이 놀랄 만큼 순조롭게 진행돼 누구나 자발적으로 아침 시간의 포로가 된다. 그래서 '이 최고의 습관을 어떻게 하면 확실하게 들일 수 있을까?' 고민하게 된다.

내 강의의 수강생인 대학생 N군은 완벽한 야행성이었다. 자신을 "전 야행성 체질이에요"라고 말할 정도였다. 하지만 N군은 한 번 일찍 일어나기에 도전해보고는 그 매력에 푹 빠졌다. 스스로를 야행성이라 생각했는데, 일찍 일어나보니 밤보다 아침 시간에 훨씬 머리가 맑고 산뜻했다.

영어 자격시험을 준비하던 N군은 시험에서 그토록 바라던 고득점을 얻었다. 그 후로도 계속 일찍 일어나 하고 싶은 것을 즐기면서 하루를 보낸다고 한다.

야행성 생활을 하면 자는 시간이 들쭉날쭉하기 쉽다. 일어나는 시간이야 출근 시간에 맞춰 어떻게든 일어나겠지만, 수면 시간이 일정하지 않다. 단, 일찍 일어나려고 수면 시간을 줄여서는 안 된다. 수면 시간이 줄면 기분이 처져 낮 동안의 업무 능률에 부정적인 영향을 끼친다.

수면 시간을 제대로 확보한 다음 일찍 일어나는 시도를 해야 한다. 8시간의 수면이 필요한 사람이 5시에 일어나려면 저녁 9시에는 잠자리에 들어야 한다. 이렇게 **취침 시간이 명확해지는 것도 일찍 일어나기의 장점 중 하나다.** 왜냐하면, 저녁 9시라는 취침 시간을 지키려면 어떻게 해야 할지 평소에도 의식해야 하므로 저절로 시간을 효율적으로 사용하게 된다. 그 결과 무의미하게 흘려보냈던 시간이 줄어 보다 유용하게 시간을 보낼 수 있다.

아침 5분은 밤 1시간의 효과가 있다. 아침 시간을 활용하면 그날 하루 시간의 '양' 자체는 달라지지 않지만, 시간의 '질'이 비약적으로 높아진다. 성공한 이들 중에 일찍 일어나는 사람이 많은 것을 봐도 알 수 있다.

잘못된 시간 사용법

Before

zzz

After

퇴근 후에는
운동하러 가자.

척척

척척

오전 11시까지
기본적인
일을 끝내자.

오후에는 내일
프레젠테이션 준비

체크

머리가 산뜻하여 활력이 넘치는 '최고의 나'를 만난다!

하루하루가
즐겁고 설렌다

▶ 하루의 사용법 자체가 달라진다

설렘으로 하루를 보낸다. 이것이야말로 일찍 일어나는 습관이 가져다주는 가장 큰 장점이다. 일에 쫓겨 아등바등 인생을 끝내고 싶은 사람은 없다. 하지만 밤에는 피로에 절어 쓰러지듯 잠자리에 들고, 아침이면 허둥지둥 시간에 쫓기며 하루를 시작한다. 이런 일상이 우리의 현실 아닐까. 뭔가를 바꿔야 한다고 마음 졸이면서도 구체적인 방법을 찾지 못해 초조함만 쌓인다.

이런 딜레마를 해소하는 가장 손쉽고 빠른 방법이 일찍 일어나기다. 출근이나 등교 전, 하루 중 두뇌 효율이 가장 높은 아침 시간에 지금껏 하고 싶었으나 엄두가 나지 않았던 것을 시도해보는 건 어떨까. 하루를 스스로 주도하며 시작하는 것만으로도 긴장감이 생긴다.

영국 작가 아널드 베넷(Arnold Bennett)의 《시간 관리론》이라는 책에는 이런 말이 나온다.

"아침에 눈을 뜨면 당신의 지갑은 '24'시간이라는 천연 화폐로 채워져 있다."

시간은 누구에게나 공평하게 주어진다. 인생은 이 시간을 어떻게 사용하느냐에 따라 상상할 수조차 없는 큰 차이가 난다. 시간은 사용법에 따라 과거의 나와 비교했을 때 하루를 두 배로 사는 것도 가능하다. 시간이 없다는 핑계로 늘 하고 싶었던 일들을 뒤로 미루며 결국 시도해보지 못하고 끝내는 건 너무 슬프지 않은가.

아침 시간을 잘 활용하게 되면 줄줄이 새는 불필요한 시간이 줄어들고, 하루라는 시간을 가치 있게 사용하게 된다. 아침 습관을 잘 들이면 하루 전체가 즐거워지는 이유다.

일찍 일어나면 날마다 좋아진다.

예를 들면….

아침 독서로
머리가 깨인다!

업무 중에
아이디어가 샘솟는다!

상사에게 칭찬받고
성과가 난다.

기분 좋게
퇴근할 수 있다.

기분을 전환할
시간이 늘어난다.

스트레스가 훨훨
날아가니 사생활도 충실

체크

인생을 즐길 여유가 생기고 모든 방면에서 선순환이 일어난다.

▶ 새로운 일에 도전하는 즐거움도 맛볼 수 있다

나는 최근에 아침 골프를 시작했다. 전부터 함께 골프를 치자는 사람이 많았지만, 아침 시간을 패턴화하고 있던 나로서는 골프에 그 시간을 양보할 수 없었다. 하지만 예전의 나를 돌아보니, 아침 시간에 새로운 시도를 했을 때 다른 일도 더 잘되었던 기억이 떠올랐다. 그래서 주 1회이지만 골프 연습을 하기로 했다. 매번 조금씩이라도 실력이 느는 게 느껴져 연습을 마치고 나면 기분이 굉장히 상쾌했다.

이른 아침 골프 연습장에는 어르신들이 많다. 그분들은 나보다 훨씬 능숙하다. 내 공은 멀리 날리려는 욕심 때문인지 힘이 많이 들어가 있어 종종 코스를 벗어난다. 그런데 옆에서 연습하는 분들을 보면 힘도 주지 않고 가볍게 원하는 방향으로 공을 날린다.

생각해보니 힘을 많이 주면 순간적인 힘을 발휘할 수는 있지만, 빠지는 공이 많고 오래 할 수도 없다. 적당히 어깨에 힘을 빼야 시야도 넓어지고 착실하게 앞으로 나아갈 수 있지 않을까. 이렇게 나아가는 쪽이 최종적으로 목적지에 먼저 다다를 것이다. 아침 골프는 뭐든 단번에 해치우려는 나에게 새로운 관점을 가져다준 아주 큰 수확이었다.

일찍 일어나서 새로운 일에 도전하면 더 넓은 세상과 만날 수 있다. 또 지적 호기심이 생겨 하루하루가 즐거워진다. 기상 후 한두 시간은 오직 나를 위해 사용해보자.

▶ 모닝 루틴을 만들면 누구나 일찍 일어날 수 있다

"몇 번이나 일찍 일어나려고 했지만, 번번이 실패했어요."

이렇게 말하는 사람들이 적지 않다. 하지만 일찍 일어나는 요령만 터득하면 누구나 즐겁게 일찍 일어날 수 있다. 일찍 일어나기는 당신의 내일을 확실하게 바꿔줄 강력한 무기다.

자, 지금부터는 고정된 아침 패턴, 즉 모닝 루틴을 만드는 방법을 심리학에 근거해 알아보자.

디즈니 최고경영자 로버트 아이거의 모닝 루틴

매일 오전 4시 15분 기상.

5분 동안 옷을 입고 얼굴을 씻고
집 안 체육관으로 향한다.

늦어도 4시 25분에는 암벽등반 효과가 있는
버사 클라이머(Versa Climber) 기계에 올라
40분간 스트레칭과 웨이트 트레이닝을 한다.
운동이 끝나기 전까지는
절대 스마트폰을 보지 않는 게 철칙이다.

운동이 끝나면 샤워를 하고 커피를 마신다.

그 후 신문을 읽고, 이메일을 확인하고, 인터넷 서핑 등을 한다.

그리고 오전 6시 45분에 사무실에 도착한다.

Chapter 2

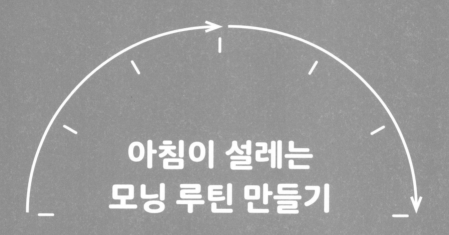

아침이 설레는
모닝 루틴 만들기

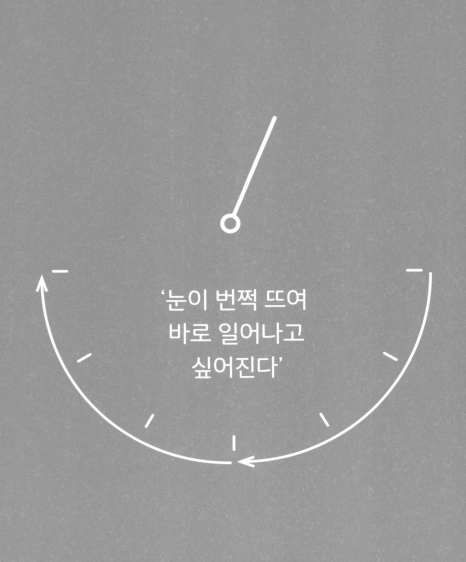

'눈이 번쩍 뜨여
바로 일어나고
싶어진다'

일찍 일어났다면 반드시 하고 싶은 일을 하자.
일찍 일어날 때 즐거운 상황이 펼쳐질 수 있도록 하면
놀랄 만큼 산뜻하게 일어날 수 있다.

1

일찍 일어날 수 있는 사람과
그렇지 못한 사람의 차이

▶ 일찍 일어나기를 고통으로 여기면 일찍 일어날 수 없다

일찍 일어날 수 있는 사람과 그렇지 못한 사람의 차이는 뭘까? 그 차이는 정말 사소하다. '일찍 일어나기'를 고통으로 여기느냐 그렇지 않으냐 뿐이다.

일찍 잘 일어나는 사람은 일찍 일어나고 싶은 마음이 강하고, 그렇지 않은 사람은 억지로라도 일어나야 한다는 마음이 강하다. 그 마음이 행동으로 나타날 뿐이다. 습관이 들지 않은 동안에는 근성으로라도 일찍 일어나려고 한다. 이렇게 스스로 힘을 북돋아 일어나려고 하면 '억지로라도 일찍 일어나

야 한다'는 강박감이 생긴다.

'매일 5시 기상'이라고 종이에 써서 붙이거나 '반드시 자격증 취득', '일찍 일어나 영어 공부하기'처럼 자신을 강하게 몰아세우는 방법은 일찍 일어나는 습관이 충분히 몸에 배기 전까지는 피한다. '아자아자, 일찍 일어나고 말 테야!' 하고 어깨에 힘을 넣으면 넣을수록 일찍 일어나기가 힘들어져 이불을 박차고 나올 수 없다. 오히려 동기부여가 떨어진다.

마음 깊숙한 곳에서 일찍 일어나고 싶게 만드는 것이 일찍 일어날 수 있는 지름길이다.

과한 압박은 사기를 떨어뜨린다.

▶ 일찍 일어나고 싶게 만드는 네 가지 포인트

바쁜 와중에도 많은 사람이 아침 시간을 활용해 공부에 열중하고 있다. 내가 가르치는 수강생들을 통해 살펴본 결과, 과거에 여러 번 일찍 일어나기에 실패한 사람들도 일찍 일어나야 한다는 강박감을 줄이고부터 수월하게 기상하는 경우가 많았다.

이 책을 읽는 당신도 지금부터 내가 전하는 방법으로 일찍 일어나기에 도전해보자. 기본적인 방법은 아래처럼 매우 간단하다.

즐거움을 추구한다.

자신과 싸우지 않는다.

수면의 질을 높인다.

즐거운 모닝 루틴을 만든다.

일찍 일어났다면 하고 싶지 않은 일이 아닌 하고 싶은 일을 하자. 일찍 일어날 때 즐거운 상황이 펼쳐질 수 있도록 하면 놀랄 만큼 산뜻하게 일어날 수 있다. 별다른 노력을 들이지 않고도 누구나 일찍 일어날 수 있다.

일찍 일어나는 사람들의 공통점

❌ 스스로 압박을 가한다.

> 내일은 꼭
> 일찍 일어나서
> 책을 읽을 거야!

⭕ 스스로 압박을 가하지 않는다.

> 내일 아침에는
> 지난번에 산 책을
> 한번 읽어볼까~

체크

'일찍 일어나야 해'라고 지나치게 의식하지 않는다.

2

나와 싸우지 않아야
모든 일이 잘 풀린다

▶ 수면을 방해하는 요인을 없애려면

일찍 일어나기를 저해하는 요인은 다양하다. 그중 하나가 좋은 잠을 잘 수 없는 것이다. 잠을 자기는 했는데 피로가 가시지 않아 더 자고 싶은 마음과 투쟁을 벌인다면 일찍 일어나는 것이 고통이 된다.

좋은 잠을 잘 수 없는 요인 역시 여러 가지다. 술자리 참석 후 과음에 늦은 귀가로 수면의 질이 떨어지거나 스마트폰을 만지다가 뜻하지 않게 자는 시간이 늦어지기도 한다. 유혹거리에 접하는 횟수가 늘수록 취침이 늦어진다. 또 수면의 질이 떨어져 일찍 일어나기가 힘들다.

▶ 유혹 요인에 접하는 횟수를 줄이자

잠을 방해하는 유혹거리를 피하면 훨씬 수월하게 일찍 일어나는 습관을 들일 수 있다. 2017년 칼턴대학의 마리나 밀야브스카야(Marina Milyavskaya) 교수와 토론토대학의 마이클 인즐릿(Michael Inzlicht) 교수가 159명의 대학생을 대상으로 한 연구에 따르면, "목표 달성률은 유혹 요인의 접촉 횟수와 반비례한다".

내 경험상으로도 유혹 요인과 접촉하는 횟수가 적었던 사람이 목표 달성률도 높았다. 따라서 목표를 달성하려면 애초에 유혹거리를 차단해야 한다.

다이어트 때문에 눈앞의 케이크를 먹지 않는 선택을 했다면, 먹고 싶은 속마음을 억누른 상태일 것이다. 이때 마음에 남은 초조함이 다이어트의 동기부여를 떨어뜨려 의욕을 앗아가는 요인이 된다.

무엇보다 셀프컨트롤을 하지 않아도 되는 환경에 몸을 두는 것이 중요하다. 목표 달성을 저해하는 유혹 요인이 무엇인지 확실하게 인지하고 그것을 애초에 피하면 좀 더 수월하게 일찍 일어나는 습관을 들일 수 있다.

▶ 일찍 일어나기를 방해하는 요인을 확실히 알아둔다

자격시험을 보려고 일찍 일어나 공부한다고 치자. 교재를 사서 일어날 시간을 정하고 학습계획까지 철저히 세웠다. 여기까지는 순조롭다. 다음은 유혹 요인만 대처하면 된다. "시험이 끝날 때까지는 술자리에 가지 않겠어"라고 미리 주위에 양해를 구하는 것도 방법이다.

술자리 자체를 없애면 '한 번 정도는 괜찮아. 아니야, 안돼!'와 같은 마음속 불필요한 갈등을 피할 수 있기에 동기부여도 떨어지지 않는다. 일찍 일어나는 습관을 들이고 싶다면, 다음 두 가지 질문을 자신에게 해보자.

나에게 일찍 일어나기를 방해하는 요인은?
나의 수면을 방해하는 요인은 뭘까?

위 질문에 명확한 답을 가지고 적절하게 대처하자.

▶ 술과 스마트폰 대응책은 필수

좋은 잠을 위해 꼭 필요한 대응책이 있으니, 바로 술과 스마트폰에 관한 것이다. '술은 마시지 않겠다' 혹은 '스마트폰은 보지 않겠다'와 같이 그때그때 결단해야 하는 상황을 만들면 미련이 생겨 동기부여 효과가 떨어진다. 어떻게든 미리 손을 써둬야 한다.

나는 절대 술을 세트나 상자째로 구매하지 않는다. 금전 면에서는 낱개로 사면 손해지만, 일찍 일어나기 습관의 관점에서는 장점이 크다. 눈에 띄는 곳에 맛있는 빵이 놓여 있으면 많이 먹게 된다. 이와 마찬가지로, 술이 많이 보관되어 있으면 무심코 한 병 정도는 괜찮다는 생각에 과음으로 이어지기 쉽다. 따라서 사재기를 하지 않도록 주의한다. 그날 마실 만큼만 사면 많이 마시고 싶은 유혹에 흔들릴 일도 없다.

나는 취침하기 최소 30분 전에 알람을 설정해두고 스마트폰은 다른 곳에 둔다. 구체적으로는 거실에 충전기를 놓고 스마트폰을 꽂아둔 후 나도 침실로 향한다. 이렇게 하면 스마트폰의 불빛과 소리에 방해받지 않아 수면의 질이 높아지고 스마트폰을 만지다가 늦잠을 자게 되는 사태도 피할 수 있다.

아무리 작은 일이라도 의사 결정을 하면 뇌에 부하가 걸린다. 따라서 평소 마음이 흔들리지 않도록, 유혹거리를 피하기 위한 대응책을 미리 마련해두는 것이 효과적이다.

일찍 일어나기를 저해하는 요인을 제거한다.

밤늦게 자는 것은 가장 큰 적!

유혹거리와 접하지 않는다.

NO!

술자리에 가지 않겠다고
못박는다.

스마트폰을
침실에 두지 않는다.

술을 한꺼번에
많이 사두지 않는다.

모닝 루틴을 만드는
일곱 가지 방법

▶ 키워드는 동기, 수면, 리듬

힘들이지 않고 일찍 일어나기 위한 첫 단계는 억지로라도 일어나야 한다는 강박감을 줄이는 것이다. 그렇게만 해도 아침을 산뜻하게 맞을 수 있다.

그다음 단계는 일찍 일어나는 습관을 정착하는 것이다. 생활 리듬은 긴장이 풀리면 눈 깜빡할 새 무너진다. 일찍 일어나는 습관을 들이려면 일찍 일어나는 생활이 가능하도록 일정한 규율을 만들어야 한다. 이 규율을 아침 일상에 정착시키면 모닝 루틴이 된다.

동기, 수면, 리듬이 모닝 루틴을 만드는 키워드다. 분명한 '동기'가 있어야 일찍 일어날 수 있으며, 일찍 일어나는 습관을 고정하기 위해서는 충분한 '수면' 시간이 뒷받침돼야 한다. 또 기상과 취침 '리듬'을 일정하게 유지해야만 루틴이 설정되었다고 이야기할 수 있다.

이제부터는 이 세 가지 키워드에 초점을 맞춰 설레는 모닝 루틴을 만드는 방법을 알려주려 한다.

즐거움을 추구한다(동기)

▶ 일찍 일어나서 '하고 싶은 것'을 쭉 적어본다

모닝 루틴을 만드는 요령은 일찍 일어나는 것을 즐겁다고 생각하는 것이다. 일찍 일어나는 습관이 몸에 밴 사람일수록 일찍 일어나는 것 자체를 목적으로 삼지 않는다. '조깅이 하고 싶어 일찍 일어난다'와 같이 일찍 일어나서 자신이 하고 싶은 것 자체를 목적으로 즐긴다.

우리가 어떤 행동을 하는 데는 두 가지 요인이 있다. '즐거움의 추구'가 아니면 '불쾌로부터의 도피'다. 목적을 정할 때는 불쾌를 없애는 것이 아니라 즐거움에 중점을 두는 것이 포인트다. 이렇게 생각하는 게 비약적으로 동기부여가 높아지기 때문이다.

당신이 즐거움을 느끼는 것은 무엇인가. 머리에 스치는 것들을 적어보자.

조깅하고 싶다.

어제 산 책을 읽고 싶다.

새 영어 문제집을 풀고 싶다.

영어 장문 독해력을 더 늘리고 싶다.

설레는 것이라면 뭐든 좋다. 그 설렘을 모닝 루틴을 만들기 위한 목적으로 삼자. 나는 매일 아침 원고를 쓸 때 무척 설렌다. 어떻게 하면 더 재미있게 하고 싶은 말을 전할 수 있을지 곰곰이 생각하는 일이 더없이 즐겁다. 이렇게 아이디어가 샘솟는 귀중한 아침 시간을 늦잠으로 보내기는 아쉽다.

당신을 설레게 하는 것은 무엇인가. 아침에 즐길 무언가가 있다면 일찍 일어나고 싶어진다.

일찍 일어나기가 즐거워지는 비결

목적에는 두 가지
방향이 있다.

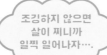

불쾌로부터의 도피

조깅하지 않으면
살이 찌니까
일찍 일어나자….

귀찮아

즐거움의 추구

조깅하고 싶으니까
일찍 일어나자!

수면의 질을 높인다(수면)

▶ 잘 자기 위한 네 가지 포인트

기분 좋은 아침은 양질의 수면에 달려 있다. 푹 자고 일어나는 것만큼 기분 좋은 일도 없다. 질 높은 수면을 위해서는 밤을 보내는 방법, 특히 잠자기 전 시간을 어떻게 보내느냐가 중요하다.

나는 수면을 하루의 끝이 아니라 다음 날의 시작으로 본다. 다음 날 최고의 아침을 맞이하고 싶다면 밤을 어떻게 보낼지 항상 염두에 둔다. 포인트는 다음의 네 가지다.

멜라토닌과 수면의 관계를 이해한다.

자기 직전에 입욕하지 않는다.

식사 시간에 유의한다.

카페인, 알코올 섭취를 삼간다.

먼저 멜라토닌과 수면의 관계를 살펴보자. 좋은 잠을 자려면 멜라토닌의 작용이 중요하다. 멜라토닌은 체내시계 조절에 관여하는 호르몬으로 야간에 많이 분비된다. 하지만 강한 조명을 계속 받으면 체내시계의 작용이 흐트러져 멜라토닌의 분비가 억제된다. 그 결과, 좋은 잠을 잘 수 없는 곤란한 상황을 초래한다.

멜라토닌이 제대로 분비되게 하려면 **잠자리에 들기 어느 정도 전부터 되도록 방은 어둡게 하고 빛을 쬐지 않아야 한다.** 스마트폰이나 텔레비전 빛도 바람직하지 않다. 특히 스마트폰은 대책이 필요하다. 옆에 두면 반드시 손에 쥐고 보고 싶어진다. 앞서 말했듯이 나는 침실에 스마트폰을 두지 않는다. 뇌가 휴식을 취하려고 할 때 새로운 자극이 오면 차분하게 잠들 수 없기 때문이다. 그런 의미에서도 스마트폰을 보지 않는 환경을 만들어야 한다.

다시 원점으로 돌아가자. 멜라토닌은 밤이 되면 분비량이

늘면서 심부체온을 내리는 작용을 하여 깊이 잠을 자게 해준다. 잠을 자면 손끝과 발끝이 따뜻해진다. 심부체온을 내리려고 열을 방출해서 몸 표면이 따뜻해지기 때문이다.

그런 의미에서 보면, 취침 전 입욕도 주의가 필요하다. 목욕을 하면 체온이 높아져 졸음이 사라지기 때문이다. 가능하면 자기 직전에 입욕은 피하고 체온이 내려간 후 잠자리에 들자.

그다음 포인트는 식사 시간이다. 음식을 먹으면 최면 효과가 있는 렙틴, 흔히 포만 호르몬이라 불리는 호르몬이 분비되어 졸음이 온다. 그때 그대로 잠들면 배 안에서는 소화 활동이 활발하게 이뤄져 몸도 뇌도 쉬지 못한다. 그 결과, 아무리 자도 피로가 가시지 않는 상황이 온다.

나는 아무리 바빠도 식사는 저녁 8시까지 마친다. 그 후 출출할 때는 채소를 먹는다. 익숙해지면 가벼운 식사에도 공복감이 덜하다. 매우 바쁘겠지만, 조금이라도 좋으니 식사 시간을 앞당겨보자.

저녁 이후에는 각성 작용이 있는 카페인 섭취를 삼가고, 특히 취침 직전에 알코올 섭취는 하지 않도록 하자. 술을 마시면 심박수가 올라 호흡이 거칠어지고 밤중에 화장실에 가고 싶어지거나 탈수증상을 부른다. 푹 자고 개운하게 일어나려면 밤에 몸을 너무 압박하지 않도록 한다.

푹 잘 수 있는 수면 루틴을 만들자.

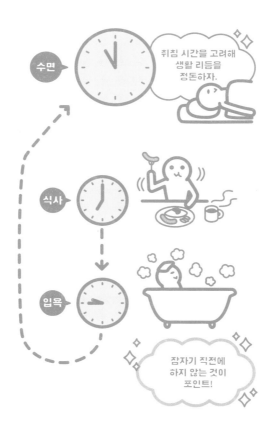

수면 노트에 내일 할 일을 적는다(수면)

▶ '내일 할 일'을 적는 효과

아무리 잠을 청해도 잠들지 못할 때가 있다. 몸은 천근만근인데 머리가 좀처럼 수면 모드로 들어가지 않는다면, 대개는 생각할 게 많아서 그렇다. 우리의 머릿속에는 항상 다양한 일들이 맴돈다. 게다가 어느 순간 불쑥 의식을 비집고 들어와 잠을 방해하기도 한다.

이를 막는 데 효과적인 것이 자기 전에 머릿속에 있는 것을 전부 적어내는 작업이다. 적는 방법은 다양하지만 자기 전에 적는다는 공통점이 있기에, 나는 이것을 '수면 노트'라고 이름

붙이고 사람들에게 적극적으로 추천한다.

구체적으로는 **취침 전에 5분간 '내일 할 일'을 적는다.** 이 작업의 효과는 2017년 베일러대학 마이클 스쿨린(Michael Scullin) 박사 팀의 연구로 입증되었다. 포인트는 '오늘 한 일'이 아니라 '내일 할 일'을 기록하는 데 있다. 베일러대학과 에머리대학의 연구진이 57명의 젊은 성인을 대상으로 한 연구 결과를 보면, 취침 전에 오늘 한 일을 적은 사람보다 내일 할 일을 적은 사람이 압도적으로 일찍 잠자리에 들었다.

리투아니아 출신의 러시아 심리학자 블루마 자이가르닉(Bluma Zeigarnik)이 제창한 '자이가르닉 효과'에 대해 들어본 적 있는가? 자이가르닉 효과란 '끝맺지 못한 일을 마음속에서 쉽게 지우지 못하는 현상'을 가리킨다. 즉, 다 한 일보다 못다 한 일이 머리에 남기 쉽다. 일단 못다 한 일을 생각하기 시작하면 신경이 쓰여 사고가 진전되지 않고 반복될 뿐이다.

'내일 할 일'을 적는 작업으로 미련이 남은 상태에 종지부를 찍으면, 결과적으로 밤중에 깨는 난감한 사태를 피할 수 있다. 이불 속에서 계속 못다 한 일이 떠올라 잠들 수 없을 때는 이불을 박차고 나가자. 그리고 내일 할 일을 쭉 적어보자. 놀랄 만큼 머릿속이 개운해져 기분 좋게 잠들 수 있을 것이다.

▶ 부정적 감정을 적으면 후련해진다

생각할 거리와 마찬가지로 잠을 방해하는 감정이 있다. 그 감정을 억지로 누르면 어느 순간 유령처럼 나타나 잠을 방해한다.

2017년 이스트런던대학 조시 말리노프스키(Josie E. Malinowski) 박사의 연구 결과에 따르면, 긍정적인 감정보다 부정적인 감정의 억압이 특히 수면에 영향을 미쳐 불안감을 부추긴다고 한다. 낮 동안 느낀 부정적인 감정은 자기 전에 말끔히 토해내도록 하자. 부정적인 감정을 자유롭고 솔직하게 적어보면 꽤 효과를 볼 수 있다. 이를테면 다음과 같은 식이다.

'내일 있을 프레젠테이션이 너무 불안하다. 프레젠테이션에 수주 결과가 달려 있는데 실수할까 봐 자꾸 두려워진다.'

'오늘은 실수하는 바람에 부장님을 화나게 했다. 내일은 부장님의 화가 풀렸으면 좋겠는데.'

'잘 진행되던 프로젝트가 어디서부터인지 톱니바퀴가 어긋나기 시작했다. 그런데 어디서부터인지 도통 모르겠다.'

이렇게 부정적인 감정을 남김없이 토해내면 신기하게도 마음이 차분해져 더는 머릿속에 맴돌지 않는다.

불면증 방지 요령

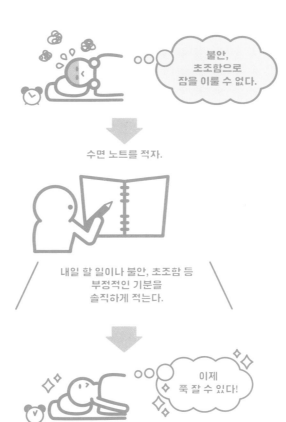

수면 시간도 적는다(리듬)

▶ 정해두지 않으면 수면 시간은 계속 줄어든다

힘들이지 않고 일찍 일어나려면 무엇보다 수면 시간을 확보해야 한다. 의식적으로 확보해두지 않으면 수면 시간은 점점 줄어든다. 그래서 나는 수면 시간도 기록한다. 매일 몇 시에 자고 몇 시에 일어나는지 수첩에 간단하게 적는다. 이 시간은 가능한 고정하는 게 좋다. 몸이 자연스럽게 자는 시간을 기억하면 금방 잠들 수 있어 좋은 수면 리듬을 만들 수 있기 때문이다.

최고의 효율을 끌어내는 데 양질의 잠은 절대 빠트릴 수 없다. 야금야금 시간을 낭비하지 않게 된다는 점에서도 수첩에 기록하는 장점은 크다. 수첩에는 보통 타인과의 약속을 적어 놓는다. 하지만 수면 시간 같은 사적인 시간을 적어놓으면 자신의 시간을 확보할 수 있다. 그렇기에 적극적으로 추천한다.

나는 대입 수험생 시절부터 버티컬 타입의 위클리 수첩으로 스케줄을 관리했고, 케임브리지대학원 시험을 앞두고도 그 수첩을 활용했다. 지금도 수면 시간은 버티컬 타입의 위클리 수첩으로 관리한다. 월 단위 수첩은 대략적인 일정밖에 파악할 수 없어 자세한 시간 사용법까지 신경 쓰기는 어렵지만, 위클리 수첩은 한 주간 시간의 흐름을 좌우 양면에서 바로 확인할 수 있어 더 철저하게 시간을 관리할 수 있다.

좋은 잠은 신체적, 정신적, 감정적 회복을 도와 에너지가 충만한 상태로 아침을 맞이할 수 있게 해주는 최고의 자기 투자라고 할 수 있다.

일어나는 시간을 고정한다(리듬)

▶ 체내시계를 일정하게 유지한다

수면 시간은 몇 시간이 가장 좋을까. 8시간 또는 9시간은 자야 한다는 견해가 있는가 하면, 수면은 90분 사이클이므로 90의 배수가 되는 시간만큼 자는 게 좋다는 의견도 있다. 결국 최적의 수면 시간은 사람에 따라 다르고 정해진 답은 없다고 보는 게 타당하다.

나는 기본적으로 수면 시간을 6시간으로 고정해놓았다. 최근에는 23시 30분에 취침하고 5시 30분에 일어나는 패턴이다. 지금은 5시 30분이면 알람이 울리지 않아도 눈이 번뜩 뜨일 만큼 몸에 배었다.

'서캐디안 리듬(Circadian Rhythm)'이라는 말을 들어본 적 있는가. 서캐디안 리듬은 체내시계를 말하는데, 우리는 통상 아침에 일어나 낮에 활동하고 밤에 자는 약 24~25시간의 리듬으로 생활한다. 이 리듬을 서캐디안 리듬 혹은 개일 리듬(槪日 Rhythm)이라고 한다.

매일 햇볕을 쬐면 몸이 리셋되어 하루의 리듬을 일정하게 유지할 수 있지만, 계속 불규칙적으로 생활하면 이 리듬이 깨져 수면에도 나쁜 영향을 끼친다.

예를 들어, 6시간 수면으로 고정하고 싶다면 6시간 이상은 자지 않는다. 그리고 일어나는 시간도 고정하는 것이 이상적이다. 이처럼 매일 수면 패턴을 고정하면 신체도 거기에 맞게끔 회복된다.

또한, **의욕도 잠을 자면 회복된다.** 일반적으로 6시간 미만의 수면은 의욕의 회복을 저해할 가능성이 있으니 최저 6시간을 기준으로 자신에게 가장 잘 맞는 수면 시간을 찾자.

▶ 꿈을 꾸면서 눈을 떠도 괜찮다

알람이 울렸을 때 아직 꿈을 꾸고 있는 체험을 한 적은 없는가. 이것은 렘수면이라는 얕은 수면 상태에서 많이 일어나는 현상이다. 깨어날 때 렘수면 중이었다면 산뜻하게 눈을 뜰 수 있다.

반대로 전혀 꿈도 꾸지 않고 푹 잠든 상태는 논렘 수면 상태다. 깊은 수면 상태로 이때 뇌는 휴식에 들어가고 성장호르몬이 분비된다. 만약 기상하는 시간에 논렘 수면 상태라면 일어나는 시간 혹은 자는 시간을 조정할 필요가 있다.

예를 들어, 23시 30분에 자고 6시에 일어나기로 했다면 사흘간 그렇게 시도해보고 너무 힘들면 조금씩 조정한다. 중요한 것은 일어나는 시간을 고정하는 것이므로 그 시간에 맞춰 자는 시간을 조정하자.

처음부터 최고의 수면 시간을 찾기는 어렵겠지만, 기상 시간을 들쑥날쑥 바꾸지 않고 유지해 최적의 수면 패턴을 만들어보자.

휴일도 같은 시간에 일어난다[리듬]

▶ 1시간 정도 늦게 일어나는 것은 괜찮다

휴일은 왠지 긴장이 풀려 마음 놓고 늦잠을 자도 괜찮다고 생각하기 쉽다. 하지만 **휴일에도 되도록 같은 시간대에 일어나자.** 그렇지 않으면 체내시계가 흐트러져 이후의 기상 시간에 영향을 끼친다.

휴일에만 다른 수면 패턴으로 생활하면 몸이 시차 증상을 일으켜 월요일 아침이 힘들어진다. 이래서는 한 주의 시작부터 삐걱거리게 된다. 휴일 아침에도 평일 기상 시간보다 늦게 일어나지 않도록 한다.

도저히 피곤해서 더 자야 한다면, 경험상 1시간 정도는 늦게 일어나도 크게 문제가 되지 않는다.

또한 에너지를 비축해두려고 미리 자두는 것도 주의해야 한다. 평일에 일찍 일어났지만, 월요일과 화요일은 계속 집중력이 떨어져 낮 동안의 능률이 저하되는 사람이 있다. 이런 경우, 주말에 잠을 비축한 것이 원인일 때가 적지 않다. 잠을 비축해도 피로를 해소할 수 없다는 사실은 수면 연구를 통해서도 입증되었다.

우리의 몸은 일정한 리듬을 유지하려고 한다. 기상 시간을 지키고 항상 같은 패턴으로 생활해야 뇌와 몸의 컨디션을 늘 최고로 유지할 수 있다.

오직 나만의 루틴을 만든다(리듬)

▶ 일어나자마자 좋아하는 것을 한다

일찍 일어나는 사람의 특징 중 하나는 매일 아침 루틴을 만들고 있다는 점이다.

스타벅스를 세계적인 커피 브랜드로 키워낸 하워드 슐츠는 아침 4시 30분에 일어나 가장 먼저 맛있는 커피를 끓이는 것으로 하루를 시작한다.

버진 그룹 CEO 리처드 브랜슨은 이렇게 말한다.

"세계 어디에 있든 매일 아침 5시에는 일어나려고 합니다. 일찍 일어나면 운동을 하거나 가족과 시간을 함께 보낼 수 있고, 일을 시작하기 전에 아주 좋은 컨디션을 유지할 수 있기 때문입니다."

하워드 슐츠는 **급하게 업무에 돌입하지 않고 좋아하는 것을 하며 마음을 채운 후 엔진을 가동한다.** 설렘을 주는 루틴을 의식적으로 만드는 것이다.

나도 아침에 일어나자마자 엔진을 가동하지는 않는다. 자기 전에 '내일 아침은 어썸 홍차를 마셔야지', '얼그레이를 마셔야지' 하고 마실 차를 정해둔다. 내가 좋아하는 홍차는 그 시간에만 마신다. 맛있는 홍차를 마시는 간단한 행위라도 좋아하는 것을 한다고 생각하면 기분 좋게 일어날 수 있다.

버러스 프레더릭 스키너(Burrhus Frederic Skinner)가 제창한 '오퍼런트 조건부여(Operant Conditioning)'를 알고 있는가. 스위치를 누르면 먹이가 나오는 구조의 상자에 생쥐를 넣고, 스위치를 눌러 먹이를 먹는 체험을 반복하면 생쥐는 스위치 누르는 것을 학습하게 된다.

"보상이 주어지면 자발적으로 행동하게 된다"는 이론은 우리에게도 적용할 수 있다. 여기서는 아침의 루틴이 보상에 해당한다. 설렘을 주는 루틴을 만들면 적극적으로 하루를 시작할 수 있다.

초콜릿을 좋아한다면 일찍 일어나 초콜릿 전문점에서 산

초콜릿 하나를 입에 넣고 천천히 맛봐도 좋다. 혹은 좋아하는 아티스트의 영상을 봐도 좋다. 개를 좋아하는 사람은 아침에 공원에서 반려견과 함께 산책하는 시간이 최고의 보상이 될 것이다.

당신이 행복을 느끼는 루틴, 마음이 풍요로워지는 루틴은 무엇인가. 일찍 일어나는 습관을 지속하게 하는 힘은 즐거운 루틴에 달려 있다.

기상 후 바로 할 일을 정한다.

체크

행복을 느끼는 루틴이 있으면 저절로 일어나고 싶어진다.

허핑턴포스트* 창립자 아리아나 허핑턴의 모닝 루틴

잠들기 전 방에 있는 모든 전자기기를
사용하지 못하도록 정리한다.

⬇

목욕하고 라벤더 또는 카모마일 차를
마시고 책을 읽으며 하루를 마무리한다.

⬇

일반적으로 8시간 동안 자고 알람을 사용하지 않고 일어난다.

⬇

일어나면 20~30분 동안 명상을 한다.

⬇

집에 있을 때는 고정식 자전거를 30분간
타고 5~10분의 요가 스트레칭을 한다.

⬇

운동이 끝나면 방탄커피를 마셔 에너지를 보충한다.

* 현재는 허프포스트로 개칭

Chapter 3

모닝 루틴을
지속시키는 트리거

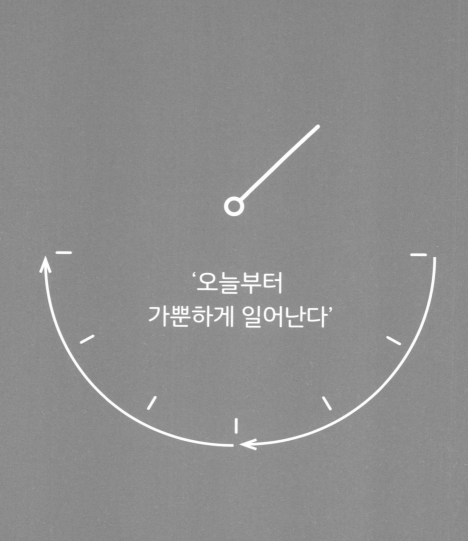

'오늘부터
가뿐하게 일어난다'

‘일찍 일어나기 트리거’를 일상에 장전하면
저절로 일찍 일어나고 싶은 생각이 무의식에 새겨져
특별히 의식하지 않아도 일찍 일어날 수 있게 된다.

1

모닝 루틴을 지속시키는
여섯 가지 트리거

▶ 즐겁게 일찍 일어날 수 있다

앞 장에서는 일찍 일어나야 한다는 강박감을 줄여 보다 쉽게 모닝 루틴을 만드는 방법에 대해 살펴봤다. 이번 장에서는 조금 더 나아가 모닝 루틴을 지속시키는 비법을 소개한다.

바로 '일찍 일어나기 트리거'이다. 트리거는 방아쇠 즉 도화선을 뜻한다. 우리의 심리에 일정한 영향을 끼쳐 효과적으로 행동을 이끌어내는 일종의 방아쇠라고 생각하면 된다. 앞으로 소개하는 '일찍 일어나기 트리거'를 활용하면 힘들이지 않고도 저절로 일찍 일어나고 싶어진다.

거듭 이야기하지만, 포인트는 이성이 아닌 감정을 움직이는 것이다. 일찍 일어나려면 마음 깊숙한 곳에서부터 일찍 일어나고 싶은 마음이 들게 해야 한다. 일상에서 '일찍 일어나기 트리거'를 장전하면 저절로 일찍 일어나고 싶은 생각이 무의식에 새겨져 특별히 의식하지 않아도 일찍 일어날 수 있게 된다.

지금부터 소개하는 '일찍 일어나기 트리거'는 이미 많은 사람이 시도해 효과를 봤다. 당신도 꼭 이 트리거를 활용해서 즐겁게 눈뜬 후 좋아하는 것에 아침 시간을 아낌없이 활용하기 바란다. 그럼 자세한 설명을 시작하겠다.

이렇게 하면 일찍 일어날 수 있다!

좋아하는 음료나 음식을 준비한다

▶ 순식간에 힘이 솟는다

이 방법은 일찍 일어나고 싶게 만드는 가장 손쉽고 빠른 방법의 하나다. 설레는 아침을 맞기 위해 나는 좋아하는 홍차를 마신다. 작은 일이지만, 홍차를 마시고 싶은 생각에 저절로 일어나게 된다.

케임브리지대학원 유학 시절에도 중요한 시험을 앞두고는 꼭 좋아하는 홍차를 마시며 스스로 힘을 북돋웠다. 홍차는 향이 좋아 긴장을 풀기에 그만이다. 긴장이 풀어지면 저절로 열심히 하려는 의욕이 솟아 바로 행동으로 옮길 수 있다. 이런 일련의 선순환을 몸이 기억하기에 의식하지 않아도 좋아하는 홍차 향을 맡기만 하면 즉시 행동 모드로 들어간다.

아침에 홍차를 마시는 나의 습관은 여전히 현재 진행형이다. 매일 같은 맛의 홍차를 마시면 질리니까 얼그레이, 어썸, 다즐링 등으로 변화를 줘가며 그날 기분에 어울리는 홍차를 골라 향과 맛을 즐긴다. 그러면 뇌에 찰칵하고 스위치가 켜져 굉장한 집중력이 발휘된다.

홍차나 커피처럼 향이 강한 음료는 비강을 통해 뇌에 자극을 주므로 뇌에 스위치를 켜기 쉽다. 물론 그 외의 음료도 상관없다. 당신이 진심으로 좋아하는 것을 선택하는 게 중요하다. 당신의 뇌에 스위치를 켜주는 음료나 음식은 무엇인가? 찰칵하고 스위치를 켜줄 무언가는 분명 있다. 꼭 찾아보자.

전용 캘린더를 만들어 기록한다

▶ 기록하면 의욕이 솟는다

일찍 일어나기로 했으면 전용 캘린더를 만들어 일찍 일어난 날에 빼곡히 색을 칠하자. 나는 일찍 일어나기에 한하지 않고 마음먹은 일을 완수했을 때도 작은 탁상 캘린더에 칠을 한다.

예를 들어, 윗몸일으키기를 30회 하기로 했으면 전용 탁상 캘린더를 장만하여 **실행한 날을 펜으로 칠한다. 스스로 노력을 '가시화'하는 것이다.** 이 캘린더를 눈에 잘 띄는 곳에 둔다. 빼곡히 칠해진 칸을 보면 기분이 좋아져 더 하고 싶어진다.

사소한 것이지만 기록하는 행위는 강력한 동기부여가 된다. 칠한 영역이 늘어갈수록 꾸준히 한 것이 직관적으로 보여 만족감을 얻을 수 있다. 동시에 칠해지지 않은 날을 보면 이가 빠진 듯한 기분이 들어 저절로 반성하게 된다. 이렇듯 매일 캘린더를 칠하는 소소한 즐거움은 습관이 된다. 작은 일이지만 축적되어 일찍 일어나게 하는 엔진 역할을 톡톡히 한다.

▶ 기억에 의지하지 말고 확실히 기록하자

미국의 인지심리학자 엘리자베스 로프터스(Elizabeth F. Loftus)가 '기억의 허구성'에 대해 이야기한 유명한 TED 강연이 있다. 그녀는 사고 현장 사진을 두 그룹에 보여주는 실험을 했다. 한 그룹에는 '부딪쳤다'라고 설명하고 다른 한 그룹에는 '충돌했다'라고 설명했더니, 충돌했다고 설명한 그룹에서 자동차 속도를 더 빠르게 말했다. 심지어 자동차 유리가 깨져 있었다고까지 주장했다. 실제로 자동차 유리는 전혀 깨져 있지 않았는데도 말이다.

우리는 의식하지 못한 채 자기 방식으로 기억을 왜곡해 해석한다. 아예 '원래 기억이란 왜곡된 것이다'라고 전제하면, 기록의 의미는 더욱 크다. 계속 잘 일어나고 있는데, 몇 번 늦잠을 잤던 기억만으로 '역시 난 안 돼!'라고 좌절하지는 않았는가. 꾸준히 일찍 일어나는 자신의 노력을 제대로 인정해주고 있는가.

매일매일 기록해 자신의 노력을 가시화하면 '할 수 있다'라는 자기효능감이 높아지고 즉시 행동으로 옮기는 힘도 솟는다. 꼭 탁상 캘린더를 장만해 기록하는 작업을 시작하자.

일어난 후의 행동을 구체적으로 정한다

▶ 일정한 행동 패턴이 일찍 일어나는 리듬을 만든다

습관화한다는 것은 선택지를 없애는 것이다. 몸에 습관으로 각인되면 일일이 생각하지 않아도 저절로 움직이게 된다. 아침의 행동 패턴을 확립하면 기상 후 저절로 일련의 행동을 하게 되는 것이다.

나는 현재 5시 30분에 일어난다. 일어나자마자 커튼을 젖히고 창을 연 후 잠시 멍하니 시간을 보낸다. 신선한 공기를 가슴 가득 들이마신 다음 샤워를 하고 좋아하는 홍차나 커피를 마신다. 이 습관은 절대 바뀌지 않는다.

6시가 되면 집필이나 독서를 시작하고, 대략 7시 30분경에는 휴식을 취할 겸 산책을 하거나 헬스장에 간다. 이렇게 기상 후 두 시간 정도 지나 몸을 약간 움직여주는 것도 루틴의 하나다. 운동을 하면 산소가 온몸에 고루 퍼져 머리가 맑아진다. 또 행복 호르몬이라 불리는 세로토닌이 분비되어 수면의 질도 높아지기에 운동은 절대 빠트릴 수 없다.

몸을 움직인 후에는 그대로 근처 카페로 직행한다. 마음에 드는 카페가 여러 곳 있는데, 너무 혼잡하지 않은 곳을 고른다. 집필 등 뭔가에 집중할 필요가 있을 때는 '이 장소라면 분명 집중할 수 있다'라는 안도감을 느낄 수 있는 곳을 간다.

▶ 집을 나서는 시간을 앞당기거나 온라인 공부를 한다

아침 행동 패턴을 만들어보기 바란다. 특히 아침에 집을 나서는 시간을 한 시간 앞당겨보자. 출근길 풍경이 새롭게 다가올 것이다. 그 한 시간을 회사 근처 카페에서 영어 공부나 자격시험 공부 등 하고 싶은 일에 사용해보자.

그 외에 **'온라인 영어 회화 레슨'을 아침에 신청하는 것도 한 방법이다.** 온라인 영어 회화란 스카이프(Skype) 등의 영상 통화 애플리케이션을 사용하여 저렴한 비용으로 해외에 사는 외국인에게 영어 레슨을 받을 수 있는 서비스다. 캠블리(Cambly), 프리플라이(Preply) 등 원하는 외국어를 원어민 선생님께 직접 배울 수 있는 온라인 사이트도 많다. 비용 대비 내용이 상당히 알차다.

예를 들어, 매일 아침 6시부터 30분간 영어 회화 레슨을 예약해두면 강제력이 생겨 저절로 아침 시간을 효율적으로 사용할 수 있다.

이른 아침에 온라인 영어 회화 레슨을 받는 데는 또 다른 장점이 있다. 상대방과 직접 커뮤니케이션을 하므로 에너지가 발생한다. 우리는 서로 간에 커뮤니케이션이 이뤄지고 있다고 느끼면 긍정적인 기분이 든다. 그래서 나는 평소 카페에 가면 의식적으로 점원과 인사를 나누거나 사소한 대화를 주고받는다. 이것만으로도 몸에 스위치가 켜져 건강해지는 느낌이 든다.

일어나는 시간을 어떻게 정하느냐에 따라서도 의욕이 달라진다. 단순히 '1시간 일찍 일어나야지' 해서는 별로 의욕이 솟지 않는다. '집을 나서는 시간을 1시간 앞당기자'라고 한다면 어떨까. 실질적으로 일어나는 시간은 같지만, 명확한 목적이 있다는 점에서 후자가 더 일찍 일어나려는 의욕이 솟지 않을까. 일어날 때는 꼭 그 목적을 상기하자.

지금까지 아침의 행동 패턴에 대한 몇 가지 힌트를 소개했다. 반드시 해보고 싶은 일들로 패턴을 만들어 일찍 일어나는 리듬을 익혀보자.

자기 전에 내일의 목표를 세운다

▶ 기대감을 높여 일어난다

강박감으로 일어나는 것이 아니라 일어나고 싶어지는 구조를 만들어보자. 이런 구조를 만들려면 무엇보다 목표를 가져야 한다.

'내일도 해보고 싶은' 목표를 생각해보자. 내일에 대한 기대감이 클수록 긍정적인 기분이 들어 가뿐하게 일어날 수 있다. 목표를 어떻게 세우느냐에 따라 실행하는 데도 차이가 난다. 목표를 세울 때는 반드시 해야 한다는 압박감이 아니라 해보고 싶다거나 할 수 있다는 내면의 울림이 바탕이 되어야 한다.

▶ 자기효능감이 높아지면 성취감도 높아진다

목표를 세우는 방법에도 요령이 있다. 포인트는 자기효능감이 높아지도록 목표를 세우는 것이다. 자기효능감이란 특정한 상황에서 '나라면 할 수 있다'라는 자신에 대한 기대감이자 신념이다. 사람들은 자기효능감에 근거해 자신의 역할을 정하므로, 자기효능감은 목표를 달성하는 데 중요한 역할을 한다. 자기효능감이 높아지면 스스로 노력하여 성취에 이르는 여정을 즐길 수 있어 좋은 결과로 이어지기 쉽다.

일찍 일어나는 목표를 정할 때도 '나라면 할 수 있다', '해보고 싶다'라는 마음을 가지자. 그 목표에 호응하듯 자기효능감도 높아져 달성할 수 있는 확률이 확 올라간다.

자기효능감에 관해 좀 더 자세히 살펴보자. 노스캘로라이나대학 교수이자 교육심리학자인 데일 슌크(Dale H. Schunk)에 따르면, 자기효능감을 계속 높게 유지하려면 다음의 네 가지 조건이 필요하다고 한다.

첫째, 스스로 목표를 설정할 것.

둘째, 피드백이 있을 것.

셋째, 진척 상황이 관리될 것.

넷째, 자신의 노력으로 성취할 수 있다는 의식이 있을 것.

이 네 가지 조건이 갖춰지면 스스로 행동을 컨트롤할 수 있다는 감각을 높게 유지할 수 있다. 모닝 루틴을 설정할 때도 이 심리적 메커니즘을 살려 '할 수 있다'라는 목표를 세워 하나씩 실행해 나가자.

예를 들면, '7시에 지하철을 타고 회사 근처 카페에서 공부한다', '영어학원의 샘플 수업을 신청한다', '문제집을 5~10단원까지 푼다', '여름을 대비해 윗몸일으키기를 30회 한다'처럼 말이다. 어느 것이든 진심으로 하고 싶은 것을 목표로 삼자. 그 한 걸음이 자신감으로 이어지고 자기효능감을 높여 성공적인 모닝 루틴을 만들게 될 것이다.

새로운 것을 시작해본다

▶ 어느 때보다 자유로워 무엇이든 시작할 수 있다

뭐든 새로 시작할 때는 설레기 마련이다. 그런 심리 효과를 모닝 루틴에 활용해보자. 지금까지 해보고 싶었으나 아직 손도 대어보지 못한 것은 없는가. 예를 들면, 근력운동이나 조깅, 독서, 영어 회화, 자격시험처럼 말이다. 해야 하는 것이 아니라 해보고 싶은 것을 선택하는 게 포인트다.

지금은 24시간 열려 있는 헬스장도 많고 온라인 영어 회화 강좌도 많아 의지만 있으면 무엇이든 아침 시간에 할 수 있다. 아침은 누구에게도 방해받지 않는 자유로운 시간대이므로 새로운 무언가를 시작하는 데 안성맞춤이다.

학창 시절 나는 새 참고서를 사면 반드시 아침에 공부한다는 철칙을 세웠다. 새 참고서를 읽을 때면 나를 성장시키는 것 같은 기분이 들어 기대감이 높아졌다.

내가 참고서를 공부하는 방법은 이렇다. 전날 밤에 다음 날 아침에 볼 범위를 대략 정한다. 참고서를 쓱 훑어보고 몇 페이지부터 몇 페이지까지를 언제 할지 대충 정한 후 포스트잇에 적어 참고서 표지에 붙여두는 식이다. 여기까지 준비해두면 얼른 해보고 싶은 마음에 설레 아침에 알람이 울렸을 때 바로 일어날 수 있다.

새로운 것에 도전할 때의 설렘을 충분히 살리면 일찍 일어나기 위해 자신을 억지로 몰아세울 필요 없이 즐겁게 일어날 수 있다.

자기 전에 가벼운 스트레칭을 한다

▶ 편안해서 몸이 가벼워진다

지금까지는 일찍 일어나고 싶게 만드는 트리거를 소개했다. 이번에는 긴장을 풀어 일찍 일어나게끔 마음을 정돈해주는 트리거를 소개하겠다. 바로 잠자기 전 스트레칭이다.

나는 자기 전에 꼭 스트레칭을 하는데, **스트레칭을 하면 마음이 차분해져 저절로 졸음이 온다.** 일찍 일어나는 리듬을 유지하려면 잠을 잘 자야 하기에, 그런 의미에서 보면 일찍 일어나기 위한 준비는 밤에 잘 때부터 시작된다.

나는 원래 몸이 뻣뻣하고 중학생 때부터 추간판 탈출증(척

추뼈 사이에서 쿠션 역할을 하는 추간판이 돌출돼 통증을 유발하는 질환-옮긴이)이 있어 허리가 쉽게 피로해진다. 그래서 잠자기 전 시간은 몸을 관리하는 데 사용한다. 시간은 기껏해야 5분 정도, 몸이 풀리도록 스트레칭을 하는 것뿐이라 그리 큰 노력을 요구하지 않는다.

내 경우는 잠자기 직전이 아니라 샤워 후에 스트레칭을 하는 루틴이 설정돼 있어, 욕실에서 나오자마자 자동으로 스트레칭을 하게 된다.

나처럼 밤에 몸을 관리하는 시간을 넣어보면 어떨까. 수면의 질이 높아지면, 다음 날 몸이 가볍게 느껴져 가뿐하게 일어날 수 있다. 단, 근력운동처럼 시간과 공을 들여야 하는 운동은 몸에 부하가 걸려 오히려 잠에 안 좋을 수 있으니 짧은 스트레칭 정도로 끝내자.

모닝 루틴을 지속시키는 트리거

좋아하는 음료나 음식을 준비한다.

전용 캘린더를 만들어 기록한다.

일어난 후의 행동을 구체적으로 정한다.

자기 전에 내일의 목표를 세운다.

새로운 것을 시작해본다.

자기 전에 가벼운 스트레칭을 한다.

체크

나날이 일찍 일어나고 싶은 마음이 커진다.

애플 최고경영자 팀 쿡의
모닝 루틴

7시간 동안 잠을 자고
보통 오전 3시 45분에 일어난다.

하루에 고객들로부터
평균 700~800개의 이메일을 받는데,
애플 이용자들이 보낸 이메일이나 사용 후기를
한 시간 정도 읽는다.

오전 5시경 외부 체육관에서
한 시간가량 운동하고
애플워치에 운동량을 기록한다.

운동을 끝내고 돌아오면, 스타벅스에 가서
출근하기 전까지 더 많은 이메일을 확인한다.

Chapter 4

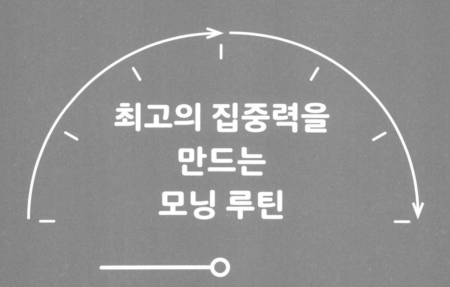

최고의 집중력을
만드는
모닝 루틴

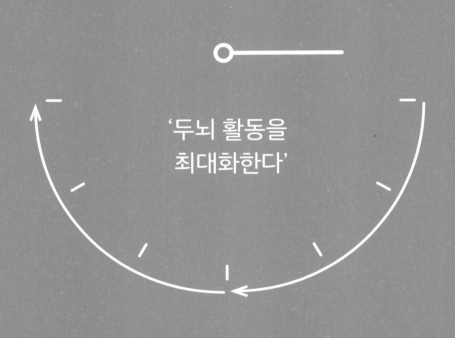

'두뇌 활동을
최대화한다'

두뇌가 풀가동하는 아침에
사고력이 필요한 일이나
하기 어려운 업무를 처리한다.
뇌의 특성을 고려해 공부나 일을 하면
하루의 성과가 완전히 달라진다.

아침의 두뇌는
최고의 상태

▶ 어떤 어려운 문제도 척척

아침은 두뇌 효율이 높아 최소 에너지로 최대 효과를 얻을 수 있는 시간대다. 집중력이 월등히 높아져 사고력이 필요한 업무를 하기에 최적이다.

나는 대입 시험을 앞두고 현대문과 고문에 관한 문제, 영어 장문 독해 등 특히 집중력이 필요한 문제는 아침에 풀었다. 케임브리지대학원 시험을 준비할 때도 마찬가지였다. 치밀한 사고력과 높은 논리력을 요구하는 영어 소논문을 쓰거나, 난해한 문제집을 푸는 시간으로 아침 시간을 정했다. 아침 시간에는 주변도 고요해 방해 요소가 거의 없을 뿐만 아니라, 잠자는 동안 뇌가 긴 휴식을 취했기에 실제로도 어려웠던 개념들이 쉽게 머릿속에 잘 들어왔다. 집중력이 필요한 공부나 일을 할 때는 효율적인 아침의 두뇌를 최대한 활용하자.

지금부터는 아침에 특별히 어떤 성격의 공부나 일을 하면 더 좋은지 세분화해 자세히 설명하겠다.

사고 계열과 작업 계열로
할 일을 나눈다

▶ 집중력이 필요한 공부나 일에 몰두한다

앞에서 이야기했듯이 두뇌 효율이 가장 좋은 시간대는 기상 후 2~3시간이다. 두뇌 활동은 아침을 절정으로 낮 동안 점점 저하된다. 따라서 두뇌가 풀가동할 수 있는 아침에 사고력이 필요한 일이나 하기 어려운 업무를 처리하면 좋다.

해야 할 일은 '사고 계열'과 '작업 계열'로 나눌 수 있다. 사고 계열 업무는 특히 높은 집중력이 필요하기 때문에 뇌가 가장 빠르게 잘 돌아가는 아침 시간에 하도록 계획하자. 사고 계열 업무는 다음과 같은 것이다.

집약된 시간과 집중력이 필요한 공부나 일.

어렵고 힘들지만 한번 도전해보고 싶은 것.

이런 성격의 공부나 업무는 아침이라면 신속하게 처리할 수 있다.

실제로《성공하는 사람들의 준비된 하루》의 저자 로라 밴더캠(Laura Vanderkam)은 "이른 아침은 의지가 가장 강한 시간"이라는 연구 결과를 발표했다. 아침 시간에는 조금 어려운 문제에 부딪혀도 극복할 수 있을 만큼의 의지가 생겨 포기하지 않고 끝까지 해낼 수 있다.

반면, 밤에는 의지가 약해져 어려운 문제에 부딪히면 쉽게 포기하게 된다.

▶ 아침 시간을 최대한 활용하자 길이 열렸다

케임브리지대학원에 입학한 뒤 그토록 힘든 날들이 기다리고 있으리라고는 생각하지 못했다. 여러 차례 좌절감을 맛보고 그때마다 학업을 계속할지 말지 진지하게 고민했다. 지금 돌이켜보면, 내가 무사히 졸업할 수 있었던 것은 모두 아침 공부 덕분이다. 아침 공부를 통해 매일 공부에 박차를 가할 수 있었다.

▶ 난해한 과제와 힘겹게 씨름하던 날들

대학원은 한 주에 두세 시간인 수업이 세 과목뿐이어서 얼핏 시간이 굉장히 여유로워 보였다. 그런데 첫 수업인 오리엔테이션 시간에 갑자기 130페이지가 넘는 영어 문헌을 건네더니 다음 주까지 읽어오라고 했다. 거기에 과제까지 내주니 어안이 벙벙했다. 내용도 술술 읽히지 않고 난해하기 짝이 없었다.

어느 정도 각오는 했지만, 역시 상당히 높은 수준을 요구한다 싶어 전전긍긍했다. 나중에 함께 수업을 듣는 영국인 친구에게 들은 이야기로는, 그들 역시 내용을 이해하기 어려워 매번 과제를 수행하는 데 애를 먹었다고 한다. 말의 의미는 확실히 알아도, 내용을 이해할 수 있느냐 없느냐는 별개의 문제다. 난해한 전문서의 경우 배경지식 없이는 웬만해선 완벽하게 이해하기 어려웠다.

그렇다고 매일 징징대고만 있을 수는 없었다. 석사학위를 받으려면 논문을 써야 했다. 논문 두 편을 써야 했는데, 애증의 석사 논문은 A4용지 150매 정도 분량이었다. 영국의 대학원은 2년 과정인 우리와 달리 보통 1년 과정이라 매주 해결하기 어려운 과제와 씨름해야 했다.

▶ 수업에 따라가기 위해 개발한 방법

그랬던 내가 어떻게 힘든 대학원 수업을 따라갈 수 있었을까. 처음 몇 주 동안은 혼돈 그 자체로, 교수님이나 동료 학생들이 무슨 말을 하는지 전혀 이해하지 못했다. 영어에 대한 자신감은 당연히 사라졌고, 엄청난 충격에 석사학위를 포기하고 그냥 돌아갈까 진심으로 생각했다.

하지만 쉽게 포기하고 싶지는 않았다. 그래서 생각해낸 방법이 강의를 전부 녹음해 듣고 또 듣는 것이었다. 영어를 모국어로 하는 학생이 80%를 차지하는 수업에서 어학에 관한 약점이 있다면 노력으로 극복하는 수밖에 없었다.

강의를 전부 녹음해서 집에 돌아오면 컴퓨터 앞에 앉아 그날 중에 먼저 한 번 듣고, 내 방식으로 강의 자료를 다시 정리했다. 주말에는 어려웠던 강의를 오디오북 듣듯이 몇 번이고 다시 들었다. 내용을 다 외워버리지 않을까 싶을 만큼 듣고 또 들었다.

그런 작업을 반복하는 중에 영어가 점점 귀에 들어와 내용을 이해하게 됐고, 수업에도 적극적으로 참여할 수 있었다. 이해하지 못하면 의견을 말할 수 없을뿐더러 수업에 적극적으로 참여하지 못해 점점 움츠러든다. 케임브리지대학원에서의 1년은 하루하루가 진검승부에다 전력투구였다.

▶ 아침에 효과적인 공부법

대학원을 다니면서 해야 할 일은 지극히 단순했다. 과제 문헌 읽기, 매주 과제 하기, 수업 복습, 논문 작성, 아르바이트 이 다섯 가지를 어떻게 처리해가느냐가 관건이었다. 난해한 문헌을 읽고 의견을 정리하거나 과제를 작성하고 논문을 쓰는 작업 등은 집중력과 의지력이 필요하므로 아침에 하기에 최적이었다. 즉 아침은 '읽기'와 같은 인풋과 '쓰기'와 같은 아웃풋에 집중했다.

하루 중 두뇌 활동이 가장 활발한 아침에 난해한 공부를 하고, 오후부터 밤에 걸쳐서는 복습이나 문헌을 훑어보는 식으로 가능한 한 뇌에 부하가 걸리지 않도록 했다. 이렇게 아침과 밤의 두뇌 특성을 이해하고 잘 구분하여 사용하면 결과적으로 큰 차이를 만든다.

▶ 아침 시간 활용으로 영어 실력이 몰라보게 향상!

나의 수강생이었던 대학생 B군은 어떤 계기로 대학교 1학년 때 유학을 가겠다는 목표를 세웠다. 하지만 그는 영어를 어려워했다. 나름대로 열심히 공부했지만, 불규칙한 생활 습관을 바꾸지 못해 좀처럼 공부에 진전이 없었다. 그래서 고민 끝에 나를 찾아왔다.

나는 B군의 생활 습관을 재점검하고 공부에 몰입할 상황을 만들어 영어 성적을 올려줘야만 했다. B군의 공부 습관을 살펴보니, 유학 관련 공부를 밤 9시부터 시작해 늦은 밤까지 하고 있었다.

그래서 나는 아침 시간을 활용해보자고 제안했다. 아침은 머리가 맑고 의지가 강하며 유혹거리도 적어 공부에 집중하기 쉽다고 나는 B군에게 조언했다. 아침형 인간으로 바뀌면서 공부 효율이 크게 향상했던 나의 경험에 관해서도 이야기해주었다.

내 이야기를 들은 B군은 즉시 아침 공부를 시작했다. 결과적으로 B군은 아침 공부가 주효하여 유학에 필요한 기준보다 높은 점수로 영어 시험을 여유롭게 통과했고, 인생의 강력한 무기 하나를 얻었다.

공부 내용 역시 '사고 계열'과 '작업 계열'로 나눌 수 있다. 사고 계열은 참고서나 책을 읽는 등 '인풋'해야 하는 것과 영작문이나 소논문을 쓰거나 문제를 푸는 등 '아웃풋'해야 하는 것이 여기에 해당한다. 즉, 정리할 시간이 필요한 공부를 말한다.

작업 계열은 단어를 외우거나 일문일답과 같이 짧은 문제를 푸는 것 등으로 틈나는 시간에 얼마든지 처리할 수 있는 것을 말한다.

실제로 B군은 아침 6시부터 읽기와 쓰기 등 집중력과 사고력이 필요한 공부에 열중했다. 반면 영어 단어 암기는 틈나는 시간에 해도 충분하기에 귀중한 아침 시간이 아닌 지하철 안에서 외우는 식으로 비어 있는 시간을 활용했다. 이렇게 B군은 아침 시간을 잘 사용하여 성적을 극적으로 올릴 수 있었다.

나는 종일 뇌의 생산성을 염두에 두고 업무를 처리한다. 뇌에 활력이 없을 때는 아무리 열심히 해도 효율이 오르지 않기 때문이다. 피로가 쌓여 스트레스의 원인만 될 뿐이다. 뇌의 특성을 고려하여 공부나 일을 하면 하루의 성과가 완전히 달라진다.

3

기분 좋게
두뇌 스위치를 켜는 법

▶ **교감신경으로 전환하기**

아침은 두뇌 회전이 빠르지만 일어난 직후는 몽롱하니 잠시 가만히 기다리자. 일어나자마자는 부교감신경이 우세한 상태이기 때문에 적절한 방법으로 교감신경으로 전환해줘야 한다. 즉시 효과가 있는 방법으로 다음 세 가지를 소개한다.

1) 햇볕을 쬔다

나는 아침에 일어나면 가장 먼저 방의 커튼을 활짝 젖히고 햇볕을 쬔다. 설령 비가 내려도 창을 열고 환기를 한다. 창을 열면 햇볕을 쬘 수 있기 때문이다. 아침 해는 뇌를 산뜻하게 깨워주고 좋은 잠을 부르는 세로토닌의 분비를 촉진해준다. 아침에 일어나면 꼭 커튼을 젖히고 창을 열자.

2) 샤워한다

햇볕을 쬔 후에는 샤워를 한다. 이 역시 내가 오랫동안 꾸준히 해온 모닝 루틴의 하나다. 샤워는 부교감신경에서 교감신경으로의 전환을 원활하게 해 몸과 마음 모두가 산뜻해진다. 단, 샤워의 목적은 어디까지나 뇌를 깨우는 데 있다. 너무 오래 뜨거운 물로 샤워하면 몸이 노곤해져 완전히 휴식 상태가 되므로 주의가 필요하다. 샤워는 약간 미지근한 정도의 온도로 재빨리 끝낸다.

3) 향수를 뿌리거나 좋아하는 차를 마신다

앞서 말했듯이 나는 일어난 후에 좋아하는 홍차를 마신다. 커피나 홍차처럼 향이 강한 차는 비강을 통해 뇌를 자극하여 뇌에 스위치가 켜진다. 뇌를 깨우기 위해서라도 기분 좋은 향의 향수를 뿌리거나 차를 마시는 습관을 들이자. 당신의 뇌에 스위치가 들어오게 하는 것은 무엇인가. 설레는 무언가를 꼭 찾아보자.

집중력이 쑥쑥 올라가는
다섯 가지 비결

▶ **집중력이 흐트러진다면 이렇게 한다**

'아침에는 머리가 맑고 회전도 빨라 효율이 높지만, 도중에 집중력이 끊겨 긴장이 풀어진다. 어떻게 해야 이런 상황에서 벗어날 수 있을까.'

이런 고민을 안고 있는 사람들이 적지 않다. 아침의 두뇌가 아무리 천하무적이라고 해도 방해받는 상황이나 환경에 처해 있으면 집중력이 끊길 수 있다. 방해 요소가 있더라도 계속해서 높은 집중력을 발휘할 수 있는 구체적인 비결을 5가지 소개한다.

제한 시간을 설정한다

▶ 제한 시간을 설정하면 집중력을 유지할 수 있다

나는 대입 수험생 시절부터 스톱워치와 모래시계를 애용해 왔다. 시간을 의식하면 집중력이 비약적으로 높아지기 때문 이다. 지금은 곁에 스톱워치를 놓아두기만 해도 저절로 내 안 에 스위치가 켜진다.

오랜 시간 집중해야 할 때는 되도록 시간을 짧게 나누어 집 중력이 끊기지 않게 하는 것이 중요하다. 42.195km를 달리는 풀 마라톤도 단번에 장거리를 달리는 것이 아니다. 달리는 거 리를 짧게 나누어 각각의 구간을 어느 정도의 시간으로 달릴지 시간을 분배하는 전략이 중요하다.

예를 들면, A구간은 5분 이내에 달리고 B구간은 7분 이내에 달리는 식으로 달리는 구간을 짧게 나누어 목표 시간을 설정함으로써 어떤 구간이든 집중력이 끊어지는 일 없이 가장 빠른 속도로 달릴 수 있도록 하는 것이다.

이렇게 자잘하게 제한 시간을 설정해 단거리 달리기를 반복하는 듯한 이미지를 가지면 집중력이 높아진다. 문제집 한 페이지를 풀 때도 이 사고방식은 주효하다. '이 문제는 10분 이내에 푼다'라고 시간을 설정한 후 스톱워치나 타이머를 옆에 두면 집중력이 눈에 띄게 좋아져 공부의 밀도가 높아진다.

두뇌를 작동시키는 법

매일 아침 일정을 확인한다

▶ 일정을 확인해 시간에 대한 의식을 높인다

나는 다음 날 일정과 할 일은 반드시 전날 밤에 확인한다. 다음 날의 흐름을 시뮬레이션할 수 있는 데다, 일찍 일어날 이유를 명확히 할 수 있기 때문이다.

그리고 다음 날 아침에 한 번 더 일정을 점검하여 수정할 게 있으면 수정한다. 이렇게 일정을 몇 번씩 점검하면서 시간을 허투루 쓰지 않는다. 일정을 자주 점검하다 보면, 어떤 일에 얼마의 시간이 필요한지 가늠할 수 있다. 그래서 점점 더 정확하고 효율적인 계획을 세울 수 있다는 장점도 있다.

▶ 공부할 내용을 최소 단위로 세분화한다

앞서 소개한 B군의 경우를 보면, 영어 공부라고 해도 공부할 분야가 여러 가지로 나뉜다. 나는 B군이 어떤 분야에 약하고 무엇을 중점으로 공부해야 할지 알아내기 위해 영어 공부를 분해하는 작업부터 들어갔다.

앞서 소개한 B군이 목표로 하는 영어시험 IELTS(영국 케임브리지대학에서 주관하는 시험으로 영국, 오스트레일리아, 캐나다, 뉴질랜드 대학 입학에 필요한 국제 영어 능력 시험)는 듣기, 읽기, 쓰기, 말하기의 네 가지 능력을 테스트하는 시험이다. B군은 이 모든 분야의 점수를 고루 올려야 했다. 거기에 더해 단어와 문법의 기초도 다져야 했다.

영어 공부를 한다는 대략적인 이미지만으로는 목표가 명확히 잡히지 않는다. 그래서 하나하나 꼼꼼히 분해하여 생각한 끝에, 총 여섯 분야의 영어 공부가 필요하다는 구체적인 목표를 설정할 수 있었다.

나는 즉시 버티컬 타입의 위클리 수첩을 복사하여 B군의 일주일 일정에 여섯 분야의 공부 시간을 적절히 배치했다. **공부 계획을 세울 때는 공부할 내용을 가능한 최소 단위로 나눠 균형 있게 배치하는 것이 중요하다.**

6개월 후 시험에서 목표로 하는 점수를 얻지 못하면 유학을 단념할 수밖에 없는 B군은, 일정을 재점검함으로써 얼마나 시간이 부족한지를 실감했다. 그는 매일 아침 일정을 확인하고 전체의 진행 상황을 살피면서 아침 시간을 활용하여 맹렬히 공부하기 시작했다. 약한 분야를 극복해가면서 B군의 자신감은 나날이 커졌다. 꿈이었던 유학이 현실로 다가오고 있음을 확신했다.

일단 할 일이 정해졌으면 일주일 단위로 일정을 짜보자. 매일 아침 일정을 점검함으로써 지금 그 일을 해야 한다고 뇌에 확실히 지령을 내리자. 그래야 눈앞의 일에 집중할 수 있다. 꼭 시도해보기 바란다.

집을 나서는 시간을 정한다

▶ 마감 효과와 환경의 변화로 집중력을 높인다

지금은 탄력근무제 덕분에 출퇴근 시간이 유연하거나 프리랜서로 일하는 사람이 많이 늘었다. 미래학자들은 2027년 미국의 프리랜서가 8650만 명이 되어 기업에서 일하는 8340만 명을 웃돌 거라고 전망한다. 일본 역시 탄력 근무 방식이 늘고 있다. 고정적인 시간 노동의 틀에서 벗어나 시간을 자유롭게 보내기 쉬워졌다.

그렇다면 앞으로는 출근 시간을 자신의 생활 리듬에 맞춰 정하는 것도 하나의 방법이 되지 않을까. 스스로 일을 시작하는 시간을 정하는 것이다.

　예전의 나도 집을 나서는 시간을 정함으로써 아침 공부의 효율을 높일 수 있었다. 유학 시절 초기에는 아침 일찍 일어나 바깥출입도 하지 않고 책상에만 앉아 있었다. 줄곧 방에 틀어박혀 책상만 바라보고 있자니 쉽게 피로해져 집중력이 떨어졌다. 공부하는 시간에 비해 별 성과가 없었다.

　그래서 나는 아침 8시 30분에 집을 나서기로 했다. 케임브리지대학 도서관에 가서 다시 공부에 집중하기 위해서였다. 이렇게 시간을 정해두면 '시간 내에 여기까지 하자'라는 마감 효과가 작용한다. 그래서 집중력을 더 높게 유지할 수 있다.

　나는 직업을 가지고 있는 사회인 수강생들에게도 출근 시간 1~2시간 전에 집을 나서서 회사 근처 카페에서 공부나 독서를 하라고 권한다. 마감 효과뿐만 아니라 새로운 환경에 몸을 둠으로써 의지력에 의존하지 않고도 집중할 수 있기 때문이다. 그 효과는 체험해보면 반드시 실감할 것이다.

주변 환경을 바꾼다

▶ 카페는 집중력을 높이는 이상적인 장소

집은 집중력을 방해하는 요소들로 넘쳐난다. 집중력이 높아지는 아침에 허둥지둥하여 불필요한 에너지를 사용하지 않도록, 소지품을 정리하고 책상과 방을 정리한 후 잠자리에 들자.

일하는 데 필요한 것 이외에는 두지 않는 게 이상적이다. 의지의 힘으로 유혹을 이겨내는 것이 아니라 **의지의 힘을 빌리지 않아도 되는 환경에 몸을 두자**. 그 최적의 장소가 카페다. 테이블 위에는 필요한 물건만 두니 그 외에는 손을 대고 싶을 만한 유혹거리가 없다.

또 카페의 소란스러운 환경은 너무 조용한 장소보다 더 집중하기 쉽다. 너무 조용하면 졸리기도 하고 사람에 따라서는 작은 소리에도 예민해져 집중할 수 없기 때문이다.

케임브리지대학원 시절 내가 아침에 도서관으로 향한 이유도 비슷하다. 각종 문헌과 논문을 마주할 수 있는 도서관이라는 환경에 몸을 두면 저절로 집중되었기 때문이다. 환경의 힘을 이용하는 것이 최대 목적이었다. 텔레비전이 없으니 해이해질 일도 없고 다른 사람이 열심히 공부하는 모습을 보면 나 역시 열심히 해야겠다는 의욕이 샘솟았다.

▶ 나와 비슷한 상황의 사람이 있는 장소로 가자

자기효능감을 높이는 방법의 하나로 '대리 강화'가 있다. 자기가 하고 싶은 것을 타인이 이룬 모습을 보며 '나도 할 수 있다'라는 기분을 갖는 것이다. 도서관에 가면 대리 강화가 저절로 이뤄진다.

물론 전혀 내키지 않을 때도 있었지만, 그럴 때는 논문이나 과제 생각은 일단 접고 '자전거라도 타자'는 가벼운 마음으로 도서관으로 향했다. 도서관에 도착하면 저절로 '해야 하는' 환경에 놓여 집중력이 높아졌다.

억지로 집중력을 높이려 하지 말고 환경을 바꾸어보자. 특히 **자신과 같은 목표를 갖고 열심히 하는 사람이 있는 환경이 최고다.**

나는 새로운 도전이 하고 싶어질 때면, 나와 같은 생각을 하는 사람이 모이는 장소를 찾는다. 어르신들이 운동하는 헬스장보다는 내 또래의 사람들이 열심히 운동하는 헬스장으로 간다. 책을 쓰고 싶을 때면 굳은 의지로 글을 쓰는 사람들의 모임에 참석한다. 대도시에 산다면 동호회 모임에 참석하거나, 그렇지 않다면 SNS에서 같은 목표를 가진 사람들과 유대를 맺는 것도 효과적이다.

주위에서 모두 열심히 하면 나도 열심히 해야겠다는 의욕이 생긴다. 환경을 선택하는 데에도 심혈을 기울이자. 내 안의 갈등 상황을 만들지 않고도 자신을 바꿀 수 있다는 점이 포인트다.

밤은 충전 시간으로 활용한다

▶ 아침에 할 일과 밤에 할 일을 나눈다

R 씨는 밤 시간대에 영어 공부를 하고 싶어 했다. 하지만 매일 퇴근 시간이 들쭉날쭉하여 생각만큼 공부에 진전이 없자 딜레마에 빠졌다. 그래서 아침 시간을 활용하기로 했다.

R 씨는 매일 5시 30분에 기상하여 아침을 먹고 출근 준비를 한 다음 6시부터 한 시간 동안 영어 공부를 했다. 지쳐서 머리가 움직이지 않는 밤은 몸 관리 시간으로 충당했다. 아침 시간을 유용하게 사용하는 식으로 생활 습관을 바꾸자 능률도 올랐다.

이렇게 **'아침 시간에만 할 수 있다'라고 나에게 제한을 두면 지금 반드시 해야 한다는 생각에 집중력이 월등히 높아진다.**

지금까지 많은 사람에게 영어 공부를 지도해왔지만, 특히 큰 성과를 이룬 사람들은 대부분 아침 시간을 잘 활용했다. 평일 아침은 느슨해지기 쉬운 주말보다 집중력이 높아 훨씬 효율적이다.

밤에는 몸 관리에 힘쓰고 일이나 공부는 아침 시간을 효율적으로 사용하는 식으로, 시간에 제약을 두면 좋은 의미에서 압박이 생겨 보다 생산적이고 능률적으로 생활할 수 있다.

아침보다 밤에 운동하는 편이 실제로도 더 효과적일 수 있다. 바이츠만 과학 연구소에서 나온 논문에 따르면, 같은 강도의 운동을 하더라도 저녁에는 아침보다 산소를 덜 쓰기에 에너지가 적게 필요하다고 한다. 똑같은 코스를 달려도 아침보다 저녁에 더 오래 달릴 수 있는 이유다. 또한 저녁 7시 이후에는 부신피질호르몬과 갑상선자극호르몬의 분비가 활발해져 관절과 근력 강화가 아침 시간보다 더 잘 이루어진다고 한다.

아침 독서의
장점

▶ 아침 독서는 낮 동안의 일에 영감을 준다

아침 시간은 인풋하기에 최적의 시간대다. 이 시간대에는 특히 독서를 추천한다. 아침 독서의 장점은 나열하기 힘들 정도지만, 그중에서도 '칵테일파티 효과'를 들 수 있다. 많은 사람이 잡담을 나누는 시끌벅적한 자리에서도 자기 이름이나 관심 있는 사람의 대화는 귀에 쏙쏙 들어올 때가 있다. 우리의 뇌는 필요한 정보를 선택적으로 인지하게끔 되어 있는데, 이것을 심리학에서는 '칵테일파티 효과'라고 한다.

예를 들어, 접객 노하우에 관한 책을 읽고 나서 실제로 접객 일을 한다고 하자. 그러면 아침에 읽은 책의 내용이 지금 눈앞에서 펼쳐지고 있기에 '이런 상황에서는 책에 실렸던 조언대로 하면 된다'와 같이 책의 내용을 현실에 적용하기 쉽다. 이렇듯 아침 독서는 낮 동안의 일에 다양한 영감을 가져다준다.

특히 지하철로 출퇴근한다면, 지하철 안에서 책 읽는 습관을 들여보는 건 어떨까. '지하철을 탄다'라는 트리거가 있으면 '오늘도 책을 읽자'와 같은 식으로 머릿속에 스위치를 넣을 수 있기 때문이다.

스마트폰으로 전자책을 보는 건 인터넷 뉴스나 SNS 같은 샛길로 빠지기 쉬우니 전자책 전용 단말기나, 한 손에 쥘 수 있는 종이책을 지참하여 읽자. 가끔은 아예 책을 펼치기조차 싫은 날도 있을 것이다. 그럴 때는 관심 있는 부분이나 궁금한 곳부터 읽는 식으로 심리적 장애물의 높이를 내리면 한결 집중하기 쉽다.

6

영어 실력이 일취월장하는
세 가지 공부법

▶ **영어 실력을 쭉쭉 뻗게 하려면**

아침 시간은 집중력이 필요한 공부나 업무를 하기에 안성맞춤이다. 외국어 공부는 언어를 배우는 것이기에 한꺼번에 많은 분량을 공부하기보다는, 적은 분량이라도 매일매일 꾸준히 공부하는 게 실력을 월등히 늘릴 수 있는 방법이다.

이번에는 내가 수강생을 지도하면서 실제로 사용하고 있는 영어 공부법을 소개한다. 특히 다음 세 가지는 영어 초보자에게 추천하고 싶은 방법이다. 수강생들에게 시도해본 결과, 가장 빠르게 영어 실력이 향상됐다.

온라인 영어 회화를 한다.

섀도잉을 한다.

영어 표현 노트를 만든다.

일단 영어 공부를 디딤돌 삼아 다른 외국어 공부에 도전해 보자. 외국어마다 다른 특징이 있지만, 결국 '언어'라는 공통 점이 있다. 결국 내 생각이나 느낌을 상대에게 잘 전달해야 한다. '영어 회화'와 '섀도잉'은 말하기와 듣기 실력을 일취월장 하게 해주고, '영어 표현 노트'는 내가 사용할 수 있는 어휘 표현의 양을 기하급수적으로 늘려준다. 어떤 언어든지 위의 세 가지 방법을 통해 외국어 공부 루틴을 만들어보자. 실력이 빠르게 늘어날 것이다.

그럼 이 세 가지 방법을 좀 더 구체적으로 살펴보자.

온라인 영어 회화를 한다

▶ 영어 실력 향상 이외에 수많은 장점이 있다

시간 외 근무가 많은 A씨는 매일 학습 계획을 세우지만, 밤에는 거의 계획대로 되지 않는다. 나는 그에게 "차라리 일찍 자고 일찍 일어나 아침 시간을 활용하라"고 조언했다. 일찍 일어나는 습관을 들이기 위해 먼저 '온라인 영어 회화 수강'을 추천했다. 그는 6시 30분 수업을 예약한 뒤 6시에는 일어나기로 했다.

온라인 영어 회화 공부의 장점은 영어 실력이 향상되는 것 이외에 몇 가지가 더 있다. 그중 하나가 누군가와의 약속으로 동기부여가 높아진다는 점이다. 이렇게 자기 이외의 힘을 빌려보는 것도 현명한 방법이다. 또 기분 좋은 커뮤니케이션을 통해 심리학적으로도 긍정적인 효과를 기대할 수 있어, 즐거운 하루를 설계할 수 있다.

▶ 일단 아침 30분 레슨을 한다

어떻게든 영어 실력을 늘리고 싶다면, 온라인 영어 회화를 90일간 꾸준히 하자. 90일 후에는 회화 실력이 상당히 늘었음을 실감할 것이다. 하지만 너무 잘하려고 하면 역효과가 날 수 있으니 주의한다. 90일이 끝날 때까지는 오로지 앞만 보고 달려가자. 돌아보면 엄청난 차이가 느껴질 것이다.

온라인 영어 회화는 대략 30분 정도이므로, 이 30분을 기준으로 일어나는 시간을 역산한다. 90일 후에는 영어로 대화하는 데 거부감이 없어지고 일찍 일어나는 습관도 완전히 정착할 것이다. 궁극적으로는 좋은 생활 습관을 익혀 자신감으로 무장한 자신을 만나게 될 것이다.

▶ 복습은 영어 실력을 10배로 늘려준다

시간 여유가 있다면 온라인 영어 회화 직후 복습을 한다. 도저히 영어로 표현하지 못했던 혹은 표현하기 어려웠던 상황이 있었을 것이다. 그런 표현을 복습하면 표현력을 키울 수 있다. 10분 정도의 복습이라도 상관없다. 꼭 꾸준히 하기를 바란다.

내 경험상, 복습하는 사람은 하지 않는 사람보다 습득 속도가 10배 정도 빠르다. 또한 수업 직후에 복습하는 사람의 습득 속도가 가장 빠르고 복습 없이 다음 수업, 그다음 수업에 들어가는 사람이 실력 향상이 가장 느리다.

▶ 영어 실력이 향상되고 동기부여가 높아지는 복습법

복습 방법은 간단하다. 수업 중에 영어로 말하고 싶었으나 말할 수 없었던 표현을 조사하여 다음 수업에서 바로 사용해본다. 궁금한 표현은 인터넷으로 검색하면 바로 나오니 잘 활용하도록 한다.

지금까지 표현할 수 없었던 표현을 알게 되고, 상대와 의사소통이 가능해지면 즐거움이 배가된다. 배운 것이 통하는 체험을 하고 나면 동기부여가 비약적으로 높아져 다음 수업에도 긍정적인 영향을 끼친다.

나는 말하고 싶었으나 몰라서 사용하지 못했던 단어나 문장을 조사하고 엑셀로 정리한다. 우리나라 말 옆에 영어 표현을 표기하는 매우 간단한 작업으로, A4용지 한 장 정도로 정리하여 출력해둔다. 이것을 가방이나 주머니에 넣어두면 외출 중에도 틈나는 대로 다시 꺼내 볼 수 있어 편리하다.

'온라인 영어 수업이 정말 효과가 있을까?' 하는 의심은 일단 접어두자. 꾸준히 계속한 사람에게는 분명 다른 세계가 열릴 것이다.

섀도잉을 한다

▶ 두뇌를 활성화하는 섀도잉

영어 공부를 할 때 읽기나 쓰기 공부는 아침에 하는 게 좋지만, 아침에 두뇌 엔진이 가동되지 않는다고 느낄 때가 있다. 그럴 때 '섀도잉'을 추천한다.

섀도잉(Shadowing)이란 듣고 있는 음원을 0.5초 정도 느리게 그림자처럼 따라가는 트레이닝이다. 영어의 소리를 잘 이해하여 자기 것으로 만드는 데 매우 효과적인 방법이다.

듣고 흘려버리면 배경음악밖에 안 되지만, 귀를 통해 들어온 소리를 말로 따라만 해도 우리의 단기기억은 자극을 받아

뇌가 활성화된다. 5분간의 섀도잉으로 뇌를 활성화하여 리딩이나 영작문 공부를 하면 뇌가 알아서 척척 움직여준다.

▶ 듣기와 말하기 전부 가능하다

섀도잉은 영어의 소리와 리듬, 억양을 익힐 수 있어 듣기 실력은 물론이고 말하기 실력을 높이는 데도 매우 효과적이다.

내가 고안한 방법은 노래 연습실에서 노래를 부르는 과정과 흡사하다. 처음에는 음을 듣고 화면의 가사를 보면서 연습한다. 그것을 수차례 반복하는 중에 자연스럽게 노래를 흥얼거리게 된다. 그 후 리듬과 억양을 의식하며 소리 내어 노래를 부른다. 이 일련의 흐름을 따라 한다.

영어를 어려워하는 사람은 이런 느낌으로 토익 단문 문장을 연습해도 좋다. 어느 정도 익숙해지면 조금 긴 문장에 도전하고, 좀 더 빠른 것에 도전하고 싶다면 영어 뉴스 사이트나 VOA(미국 정부가 운영하는 국제방송-옮긴이), BBC 동영상을 활용해도 좋다.

▶ 문장의 의미를 떠올리는 사람에게 추천하는 방법

영어의 소리 감각을 체득하는 것이 중요하므로 갑자기 어려운 영어에 도전하지 말고 의미를 이해할 수 있는 간단한 영어에 도전해보자.

지금까지 독해나 문법 위주로 공부해온 사람은 아무래도 문장의 의미를 먼저 떠올리기 쉽다. 하지만 영어의 소리와 리듬, 억양에 익숙해지기 어려워 빠르게 실력이 늘기 힘들다. 반드시 의미가 아닌 소리 자체를 의식하도록 한다.

그래도 자꾸 의미를 떠올리게 된다면 일단 의미만 생각하면서 집중해 들어보자. 그 후 소리에 집중하는 2단계의 과정을 거치면 소리를 의식하기 쉽다. 이렇게 문장을 반복해서 듣다 보면 소리를 음미할 수 있게 된다. 소리가 귀에 들리면 영어는 매우 즐거워진다. 발음도 저절로 좋아져 영어 전달력도 향상된다.

영어 표현 노트를 만든다

▶ 한 단계 높은 표현력이 몸에 붙는다

업무상 더 나은 수준의 영어를 구사할 필요가 있거나, 유학을 목표로 하여 영어 실력을 종합적으로 올려야 한다면 '영어 표현 노트'를 만든다. 이 노트는 쓰면 쓸수록 영어를 읽는 힘과 어휘력, 표현력이 늘어난다. 영어 표현 노트 쓰기는 여러 잡지에서도 다뤘을 정도로 효과가 확실하다.

이 방법은 내가 케임브리지대학원에 들어가기 이전부터 했던 것이다. 어느 정도 영어는 구사하나 항상 같은 표현만 하게 되어 한 단계 실력을 업그레이드하고 싶은 사람들에게도 추천한다.

좋은 아웃풋을 하려면 반드시 좋은 인풋이 필요하듯이, 새로운 언어를 습득하려면 좋은 문장이나 표현을 접하여 따라 하는 것이 매우 중요하다.

▶ 타이머를 곁에 두고 쓱쓱 읽는 습관을 들이자

먼저 BBC 등의 뉴스 사이트에서 눈에 들어오는 기사를 읽는다. 관심 분야의 뉴스만이라도 상관없다. 뉴스에는 현실적인 단어가 자주 등장하므로 대화에서 바로 사용이 가능한 단어를 습득할 수 있어 편리하다.

그다음에는 읽으면서 전체 의미를 파악한다. 이때는 한 문장 한 문장을 해석하려고 하지 않고, 무엇을 전하려는지 파악하면서 읽는 것이 중요하다.

영어 문장을 접할 때 해석하며 읽는 습관을 지닌 사람은 타이머를 1분에 맞추고 쓱쓱 읽는 습관을 들이자. 일일이 해석하며 읽는 습관을 지니면 정보처리 속도가 느려져 듣기 실력이 늘지 않는다. 듣기 공부를 할 때는 차례대로 들어오는 정보를 연속적으로 빨리 처리해야 한다. 영어를 재빨리 읽는 습관을 익혀야 듣기 실력도 올라간다.

▶ 표현의 폭이 넓어지는 예문 탐색법

얼추 읽고 이해했으면 관심 가는 표현을 찾아보자. 예를 들어, BBC 기사 중에 다음의 문장을 찾았다고 하자.

Analysts said a short period of falling prices would do nothing to damage the US economy.

(금융) 분석가들은 단기간의 가격 하락이 미국 경제에 해를 끼치는 데 도움이 되지 않을 것이라고 말했다.

이 중에 'would do nothing to'에 주목하자. 이 표현을 습득하여 활용하고 싶다면 이 문구를 노트에 쓴다. 그런 다음 구글에서 검색한다. 그때 이 문구에 **" "(인용부호)를 붙여 검색하는 것이 포인트다.**

그렇게 하면 would do nothing to라는 문구가 그대로 사용된 문장만 검색 결과에 나온다. 인용부호를 사용하지 않고 검색하면 관계없는 내용도 많이 나오므로 반드시 인용부호를 넣어 검색하자. "would do nothing to"의 검색 결과로는 다음과 같은 예문이 나열된다.

A carbon tax would do nothing to help the environment.

탄소세는 환경보전에 도움이 되지 않을 것이다.

It would do nothing to eliminate the poverty.

그것은 빈곤 박멸에 도움이 되지 않을 것이다.

The policy would do nothing to curb emissions growth.

그 정책은 배출량 증가 방지에 도움이 되지 않을 것이다.

표현의 폭을 넓히려면 검색 결과로 나온 문장을 노트에 적어보자. 그다음은 'would do nothing to'를 사용하여 독창적인 문장을 만들어보자. 다양한 표현 방법을 배우고 흡수해 직접 사용할 수 있는 표현으로 발전시키는 과정이다. 표현력이 점점 늘어 날마다 영어 실력이 향상되는 기쁨을 실감할 수 있을 것이다.

7

가볍게 몸을 움직이는 것이
필요한 이유

▶ **두뇌가 활성화되고 좋은 일이 잇따른다**

일찍 일어나서 바로 엔진이 걸리지 않을 때는 밖으로 나가 본다. 가벼운 운동은 교감신경을 활성화하여 신체를 활동 모드로 바꿔주기 때문이다. 20~30분 정도의 가벼운 아침 운동은 매우 효과가 좋아 즐거운 일이 잇따른다. 나는 5시 30분에 일어나 7시가 되면 유산소운동으로 30분 정도 걷는다.

케임브리지 유학 시절 이른 아침에도 많은 사람이 헬스장에서 운동하는 모습에 놀란 적이 있다. 현지 헬스장은 24시간 영업이 보편적이어서 새벽녘인 오전 4시경부터 붐볐다.

가벼운 운동, 특히 유산소운동은 뇌를 활성화하기 때문에 장점이 많다. 유산소운동을 하면 혈류가 촉진되어 뇌로 산소가 충분히 공급되고, 그 결과 집중력이 높아진다.

여기에 더해 '그린 엑서사이즈(Green Exercise)'를 추천한다. 그린 엑서사이즈란 **초록이나 물을 느낄 수 있는 장소를 걷는 것이다.** 자연에서 아침 햇볕을 쬐면 세로토닌이 분비되어 스트레스로 인한 초조함을 진정시켜 마음의 안정을 찾기 쉽다.

그린 엑서사이즈가 가장 좋지만, 그런 환경이 주변에 없다면 실내에서 스트레칭이나 요가를 해보자. 몸과 머리가 모두 개운해져 하루를 긍정적으로 시작할 수 있다. 하지만 아침부터 힘든 근력운동은 추천하지 않는다. 아침에 너무 무리하면 하루 종일 피곤한 상태로 지내게 된다. 근력운동은 저녁 시간을 활용하고 아침에는 몸의 시동을 거는 정도의 운동을 하자.

▶ 아침의 '승리 패턴'을 만든다

나의 경우 케임브리지대학 도서관까지는 자전거로 편도 20여 분의 여정이었는데, 이 유산소운동이 뇌에 즉시 효과를 가져다주었다. 신선한 공기를 계속해서 뇌로 보내주어 산뜻한 기분으로 난해한 논문을 읽거나 쓸 수 있었다.

나의 수강생 중에는 자신을 활성화하기 위한 트리거로 매일 아침 스트레칭을 하는 사람도 있다. 아침 6시에 일어나 샤워를 하고 외출 준비를 스트레칭을 하기 전까지 끝내는 식이다. 스트레칭이 끝나면 지체하지 않고 바로 자격시험 공부에 1시간 집중하는 식으로 아침의 행동 패턴을 고정한다. 이것이 그에겐 집중력을 키우는 '승리 패턴'이 된다.

아침의 행동 패턴을 고정하고 자기 나름의 '승리 패턴'을 만들면 뇌도 몸도 저절로 스위치가 켜져 그날그날의 기분에 휩쓸리지 않게 된다.

의욕이 나지 않을 때의
대처법

▶ 착수하기까지는 마음이 흔들리기 마련

'일찍 일어났는데도 전혀 의욕이 나지 않는다.'

아침 공부를 시작한 사람이라면 '반드시'라고 해도 좋을 만큼 부딪히게 되는 벽의 하나다. 이럴 때 '꼭 해야 했는데 하지 못했어', '난 의지가 약해서 안 돼'라고 자책하지 않도록 한다. 누구에게나 일어날 수 있는 일로, 시작하기 전까지는 마음이 안정되지 않는 법이다.

나는 주 2회 헬스장에 운동하러 가지만, 가기 직전에 가장 마음이 흔들린다. 의욕이 넘칠 때가 있는가 하면 전혀 내키지 않을 때도 있다. 그런데 일단 헬스장에 가면 저절로 의욕이 솟는다. '기왕 온 김에 열심히 하자'라는 생각에 엔진이 가동되기 때문이다.

▶ 환경을 바꾸거나 간단한 업무에 몰두하자

의욕이 나지 않을 때는 억지로 자신을 부추겨 움직이려 하지 말고 하고 싶어지는 환경에 몸을 맡긴다. 혹은 계획했던 일의 장애물을 낮춰 무리 없이 할 수 있는 일에 열중하자. 이렇게 컨디션을 조절한다.

케임브리지 유학 시절 도저히 논문이 써지지 않는 날에도 어쨌든 도서관에 간다는 규칙을 스스로 정했다. 도서관이 문을 여는 아침 9시에 들어가 일단 자리에 앉는다. 그래도 내키지 않으면 논문 쓰기와 관련 없는 다른 것을 한다. 이를테면, 논문을 쓰는 것이 아니라 지금까지 쓴 논문을 다시 읽어보는 식이다. 그렇게 시동을 켜다 보면 조금씩 의욕이 솟는다.

누구나 아침에 엔진이 걸리지 않아 힘들 때가 있다. 자전거를 탈 때처럼 첫 바퀴를 굴릴 때가 가장 힘들다. 경쾌하게 바로 첫 바퀴를 굴리면 좋겠지만, 그렇지 않은 날도 있다. 하지만 그 단계만 넘어가면 다음은 훨씬 수월해진다.

▶ 유튜브를 잘 활용하자

일찍 일어났는데 '열심히 해야 해'라는 기분과 '전혀 하고 싶지 않아'라는 기분이 줄다리기한다면 간단한 것부터 손을 대보자. 같은 목표를 가진 사람의 행동을 체크하는 것도 한 방법이다. SNS에서는 같은 목표나 취미, 취향을 가진 사람을 간단하게 찾을 수 있다.

그중에서도 특히 유튜브가 편리하다. '모닝 루틴'을 검색해 아침 시간을 즐겁게 사용하는 사람의 영상이나 계정을 찾으면 된다. 독서면 '독서', 공부면 '공부', 다이어트면 '다이어트'라고 검색하면 나와 같은 목표를 가진 사람들을 찾을 수 있다.

앞서 '대리 강화'에 대해 이야기했는데, 다른 사람이 열심히 하는 모습을 보면 자신도 분발하게 된다. 그렇다고 유튜브만 뚫어지게 보는 것은 앞뒤가 맞지 않으니 시간을 정해놓는 등 나름의 규칙을 만들어 동기부여 효과를 높이자.

아마존 최고경영자 제프 베이조스의
모닝 루틴

다른 시간대를 여행하지 않는 한
8시간 동안 잠을 잔다.

알람 없이 눈이 뜨일 때 자연스럽게 일어난다.

신문을 읽고 커피를 마시며 하루를 여유롭게 시작한다.

아이들이 학교에 가기 전에
아침 식사를 함께하며 가족들과 대화의 시간을 가진다.

반드시 하루의 첫 회의는 오전 10시에 시작한다.
아무리 급한 논제가 있어도 그전에 회의를 하지 않는다.
어려운 도전처럼 뇌를 가장 많이 써야 하는 회의를
점심 전에 배치해 온전히 집중한다.

오후 5시가 넘으면 중요한 의사결정을
가능한 하지 않고 다음 날로 연기한다.

Chapter 5

모닝 루틴을
유지하는
평소의 습관

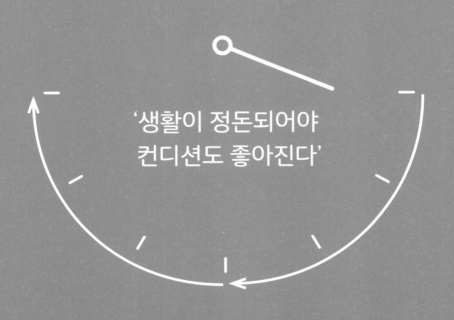

'생활이 정돈되어야
컨디션도 좋아진다'

우리의 몸은 종일 부침이 심하다는 것을 전제로,
적절히 휴식하고 시간을 잘 활용하면
하루를 효율적으로 보낼 수 있다.

몸과 마음을
잘 컨트롤한다

▶ 감정 관리는 허술해지기 쉽다

이번 장에서는 모닝 루틴을 유지하는 습관을 궤도에 올려 매일 능률이 오르는 비결에 관해 이야기하겠다. 먼저 '몸'과 '감정'에 주목하자. 몸 관리의 중요성은 누구나 잘 알지만, 감정 관리는 의외로 소홀하기 쉽다. 감정이 흔들리면 능률에도 영향을 미친다. 평소 감정의 동요를 컨트롤하여 건강하게 생활하는 것은 최상의 컨디션을 유지하는 데 빠트릴 수 없는 요소다.

지금부터 여덟 가지 생활 습관과 더불어 일상의 효율을 높이는 방법을 소개하겠다.

유산소운동을
한다

▶ **적당한 운동이 건강을 유지하는 비결**

이른 아침의 운동 효과는 4장에서 이야기한 대로다. 운동은 몸 관리에서 빠트릴 수 없는 중요한 요소이므로 이번 장에서도 다시 한 번 소개한다.

조깅 같은 가벼운 유산소운동을 생활에 도입해보자. 매일 시간을 내어 철저히 하려고 하면 부담이 된다. 어디까지나 적절한 정도가 좋다. 평소 자투리 시간을 찾아내 유산소운동을 해보자.

운동의 중요성은 말할 것도 없지만, 사실 어떤 운동을 얼마

만큼 하면 건강해지는가에 대해서는 아직 정답이 없다. 다만 '이만큼 운동하면 건강하게 지낼 수 있다'라고 스스로 생각할 정도로 운동하는 것이 건강을 유지하는 데 중요한 역할을 한다는 것이 연구 결과를 통해 입증되었다.

2017년 스탠퍼드대학의 옥타비아 자르트(Octavia H. Zahrt) 박사와 알리아 크럼(Alia Crum) 부교수는 6만 명 이상의 성인을 대상으로 '또래와 비교할 때 스스로 운동을 많이 한다고 생각하는가, 그렇지 않다고 생각하는가?'라고 질문한 후 응답자들을 계속 관찰했다.

연구 결과, 또래보다 운동을 많이 한다고 답한 사람이 그렇지 않다고 한 사람보다 건강하고 사망률도 낮게 나타났다. '운동을 하니까 나는 건강하다'라고 생각하는 사람이 그렇지 않은 사람보다 실제로도 건강하게 오래 산 것이다.

의사가 효과 없는 약을 '병에 잘 듣는 약'이라며 환자에게 복용하게 하면 실제로 증상이 완화되거나 낫는 '플라세보 효과'처럼, 이 실험 결과 역시 믿음의 효과가 매우 크다는 것을 알려준다.

▶ 운동은 기억을 정착하는 중요한 역할을 한다

운동의 효과는 장수뿐만이 아니다. 조깅이나 워킹, 사이클

링 같이 비교적 부하가 걸리지 않는 유산소운동은 뇌를 활성
화한다.

"바빠서 운동할 시간이 없다"라는 말을 자주 듣는데, 효율
이 떨어진 뇌를 채찍질하기보다 유산소운동을 하는 편이 뇌
를 활성화하여 일이나 공부에 훨씬 도움을 준다. 유산소운동
은 기억을 정착시키는 효과도 있다. 줄곧 책상에 앉아 있기보
다 운동하는 편이 기억의 정착률을 높인다.

이것은 라드바우드대학 연구팀의 실험으로 명백해졌다. 실
험 내용은 다음과 같다. 실험에 참여한 사람들에게 40분 동안
90장의 그림을 기억하게 한 후, 즉시 35분간 자전거를 타는
그룹, 4시간 후에 자전거를 타는 그룹, 전혀 운동하지 않는 그
룹으로 나누었다. 그리고 이틀 후에 각 그룹의 참여자들이 얼
마나 그림을 기억하고 있는지 확인했다. 그 모습을 MRI로 관
찰했더니 4시간 후에 자전거를 탄 그룹의 기억력이 다른 그룹
보다 뛰어난 것으로 나타났다.

기억을 뇌에 정착시키려면 도파민이나 노르아드레날린 같
은 호르몬이 분비되어야 하는데, 이런 호르몬은 운동으로 분
비를 촉진할 수 있다. 흥미롭게도 학습 후 바로 운동을 한 사
람에게서는 기억력 향상이 없었지만, 4시간 후에 유산소운동
을 한 사람은 학습한 것이 기억에 잘 정착되었다. 공부를 하고

정확히 4시간 후에 운동하기는 어려워도 조금 시간을 둔 후 운동하는 습관을 들이면 머릿속을 정리하는 데 도움을 주어 학습효과도 높아진다.

도저히 시간을 내기 어렵다면 퇴근길 한 정류장 전에 내려 걸어보는 것은 어떨까. 특히 머릿속을 정리하고 싶을 때는 걸어보자. 유산소운동은 뇌를 맑게 하여 머릿속을 정리하는 데 큰 공헌을 한다.

근력운동은
최강의 멘탈 트레이닝

▶ 마음을 튼튼하게 하는 데는 근력운동이 최고

유산소운동과 함께 근력운동을 하면 좋다. 근력운동은 자신의 한계를 조금씩 뛰어넘는 운동이라고 할 수 있다. 근력운동은 '자기효능감'을 높이는 데 매우 효과적이다.

힘들어도 좀 더 노력하여 몸에 부하를 가하면 근육통이 생긴다. 이때 무너진 근육이 더 강해져 새롭게 태어난다. 근력운동을 하면 자신의 한계를 뛰어넘는 도전이 가능하다. 더욱 동기부여가 되어 다시 근력운동에 도전하게 된다.

마음을 튼튼하게 하려면 몸을 튼튼하게 하는 것이 가장 빠른 길이다. 자화자찬 같지만, 나는 근력운동을 하고부터 정신적으로 안정감을 얻어 사소한 일로 동요하지 않게 되었다. 정신적 압박을 견딜 수 있는 정신력을 얻게 된 게 아닐까 싶다.

▶ 같은 또래가 모이는 시간에 헬스장에 간다

나는 주 2회 근력운동을 하는데 이때 헬스장에 머무는 시간은 딱 30분이다. 시간을 정해놓아야 집중할 수 있기 때문이다. 근력운동은 집에서도 가능하지만, 나는 의지가 약해 환경의 힘을 빌린다.

헬스장에서 열심히 운동하는 사람의 모습만 봐도 '나도 열심히 해야겠다'라는 생각이 들기 때문이다. 헬스장에 갈 때는 되도록 내 또래가 많이 운동하는 시간대를 택한다. 이런 식으로 한 번을 하더라도 집중하여 효율을 높인다.

단, 취침하기 직전의 근력운동은 교감신경을 활성화하여 잠을 깊이 자는 데 지장을 주므로 유의한다. 적어도 취침 3시간 전까지는 운동을 마친다.

▶ 음식에 대한 의지력이 높아진다

운동 습관이 몸에 배면 음식에 대한 의식도 달라진다. '힘들여 운동했으니 지방이나 탄수화물보다는 단백질이 풍부한 음식을 먹자', '유산소운동으로 힘들게 400칼로리를 소비했으니 오늘은 슈크림을 포기하자' 이런 식으로 사고하여 식습관이 흐트러지는 것을 방지할 수 있다. 운동하지 않았다면 살지 말지 고민했을 슈크림도 열심히 운동한 게 아까워 쉽게 포기할 이유를 찾을 수 있는 것이다. 운동은 의지력을 다지는 데도 도움이 되므로 정신력에 긍정적인 영향을 준다.

그리고 근력운동을 했다면 반드시 기록하자. 언제 했는지, 무엇을 몇 회 했는지 기록하는 것만으로 '이전보다 바벨 무게를 5kg 더 올려보자' 하는 식으로 구체적인 목표를 설정할 수 있어 즐거움이 배가된다.

2017년 맥마스터대학 아나 코바세빅(Ana Kovacevic) 박사의 연구에 따르면, 근력운동으로 수면의 질을 높일 수 있다고 한다. 근력운동은 일찍 일어나는 습관을 들이는 데 강력한 아군임이 틀림없다.

4

자기효능감을 높이는
매일 아침의 체중 기록

▶ 체중 관리가 능률을 높인다

능률을 올리려면 몸 관리는 필수다. 무엇보다 체중 관리가 중요하다. 나는 지금까지 적정 체중을 유지하려 애쓰고 있지만, 예전에는 최대 86kg에 최저 59kg으로 그 편차가 엄청났다. 체중이 무거울 때는 일을 쉽게 미루거나 포기하는 바람에 나 자신을 컨트롤하고 있다는 감각이 전혀 없었다.

체중이 증가하면 자기효능감도 떨어진다. 케임브리지대학 연구팀은 비만도를 나타내는 신체질량지수(BMI)가 높아질수록 기억력이 감퇴한다는 연구 결과를 심리학지에 발표했다.

보통 배가 부르면 지방세포에서 렙틴이 분비되어 '이제 배가 부르다'라고 뇌에 지령을 내려 식욕을 억제한다. 하지만 비만도가 높을수록 포만 호르몬이라 불리는 렙틴의 분비가 저하되어 포만감을 느끼지 못해 과식하게 된다. 렙틴은 학습 호르몬이라고도 불릴 만큼 기억력에도 영향을 끼친다. 렙틴의 분비가 흐트러지면 기억력도 감퇴한다.

이것을 피하는 가장 간단한 방법은 매일 아침 같은 시간에 체중계에 오르는 것이다. 체중이 일정하게 유지되고 있음을 확인하고 자신을 컨트롤할 수 있다는 느낌을 받으면 그것이 자기효능감의 향상으로 이어진다.

나는 매일 아침 샤워하기 전에 체중계에 올라 체중을 기록한다. 체중이 약간 늘었다 싶으면 운동량을 좀 더 늘리거나 음식에 신경 쓰는 식으로 초기 단계에서 손을 쓴다. 매일 체중을 관리하고 기록하기만 해도 자기효능감이 높아지니 꼭 캘린더 등에 매일 아침 체중을 기록하자. 일찍 일어나기와 함께 시너지 효과를 기대할 수 있다.

낮잠으로
집중력 끌어올리기

▶ 잠깐의 낮잠으로 의지력을 회복한다

나는 낮잠 시간을 중요하게 여겨 매일 일과에 넣어둔다. 소모된 의지력과 주의력, 집중력을 낮잠으로 회복할 수 있기 때문이다. 누구든 점심 후에는 졸음이 쏟아지기 마련이다. 그때 억지로 집중하려고 애써봤자 졸음을 이겨낼 재간은 없다.

나 역시 학창 시절 아무리 열심히 하려고 눈을 비벼도 수업 중에 쏟아지는 졸음을 이기지 못하고 깜빡 잠들었던 경험이 몇 번이나 있다. 졸리는 오후 시간대에는 자잘한 실수가 늘거나 일의 효율이 떨어져 결과적으로 자기효능감도 저하된다.

요즘 '파워냅(Power Nap)'이라는 말을 자주 하는데, 파워냅은 간단하게 말하면 15분에서 20분 정도 낮잠을 자는 것이다. 미시간대학의 인지심리학 연구에 따르면, 파워냅이 우리의 의지력을 회복시켜주고 있음을 알 수 있다.

한 연구에 따르면, **낮잠을 잔 후의 집중력은 아침과 같은 수준이고 그 효과는 낮잠 후 2~3시간 정도 이어진다고 한다.** 게다가 단기기억이 좋아져 자기효능감도 높아진다.

▶ 사고력이 필요한 공부도 물 흐르듯 술술 집중된다

유니버시티 칼리지 런던에 합격한 S 씨는 평일 아침과 주말에 유학을 목표로 공부에 열중했다. 평일 낮 동안 일을 했던 S 씨는 주말에도 같은 시간에 일어나 공부에 열중했으나, 오후가 되면 공부 효율이 떨어져 애를 먹었다. 머리가 움직이지 않는 이 시간대를 어떻게 극복하느냐가 관건이었다.

나는 S 씨에게 낮잠을 권했다. 6시에 기상하여 12시경 점심을 먹고 1시경부터 20분간 낮잠을 자게끔 했다. 낮잠을 일과에 넣자 머리가 맑아져 집중력이 높아졌다. 사고력이 필요한 공부도 척척 진행되어 S 씨는 계획대로 유학길에 오를 수 있었다.

단, 낮잠을 30분 이상 자면 깊은 잠에 빠져들므로 주의가 필요하다. 깨어났을 때 머리가 개운할 정도로 짧게 자는 것이 포인트다.

우리의 몸은 종일 부침이 심하다는 것을 전제로, 적절히 휴식하고 시간을 잘 활용하면 하루를 효율적으로 보낼 수 있다.

6

주말도 같은 리듬으로
생활한다

▶ 미리 푹 자두는 것도 체내시계를 망가뜨린다

주말에 잠을 몰아서 자는 것으로 수면 부족과 피로를 해소하려는 사람이 적지 않다. 평일에는 6시에 일어나는 사람이 주말에는 10시가 되어 일어나거나 오전 내내 잠을 자는 식이다. 하지만 주말에 잠을 많이 자면 체내시계를 망가뜨릴 위험이 커져 월요일 아침에 한층 일어나기 힘들어진다.

잠을 비축해도 피로를 해소할 수 없다는 사실은 수면 연구를 통해서도 입증되었다. 미국 펜실베이니아대학과 그리스 아테네대학 등으로 구성된 공동 연구팀의 연구 결과, 주말에 잠을 몰아서 자는 것이 수면 보충에는 도움이 되지만 두뇌 기능을 회복시키는 데는 별 효과가 없다는 것이 밝혀졌다. 주말 이틀 모두 10시간 이상 잠을 자게 될 경우 뇌의 생체 리듬이 늦어져 오히려 피로감이 증가하고 우울증과 약물 중독의 위험이 늘어난다고 한다.

가장 좋은 방법은 평일의 생활 리듬을 정돈하면서 수면 부족을 해소하는 것이다. 그게 힘들다면 앞에서 소개한 대로 평소보다 한 시간만 더 자도록 하자. 낮잠을 좀 길게 자는 것도 한 방법이다. 경험상 이 정도라면 월요일 아침에 일어나기가 그리 힘들지 않다.

날마다 생활 리듬이 달라지면 체내시계도 거기에 맞추려고 분발하지만, 역시 잘 따라가지 못해 결과적으로 몸에 무리가 온다. 일찍 일어나기를 습관화하려면 체내시계를 일정한 시간에 맞추는 것이 중요하다. 나의 수강생 중에 성과를 낸 사람들은 '반드시'라고 해도 좋을 만큼 주말에도 평일과 같은 리듬으로 수면과 기상을 반복했다. 주말에도 모닝 루틴을 지속한 것이다.

주말도 가능한 한 같은 리듬을 유지하도록 유념하여 일찍 일어나는 리듬이 몸에 배도록 하자.

마음을 안정시키는
'셀프 속임수'

▶ 자신을 잘 속이는 방법

누구에게나 좋은 하루였다고 느끼는 날과 그렇지 않은 날이 있다. 그렇지 않은 날은 스트레스를 발산하려고 폭음, 폭식이나 과소비 같은 과감한 행동을 하기 쉽다. 하지만 대부분 자존감을 떨어뜨리는 등 좋지 않은 결과를 초래한다.

어떻게 하면 부정의 악순환에 빠지지 않고 기분을 전환할 수 있을까. 멘탈 트레이닝 세계에서는 행동으로 감정을 바꿀 수 있다고 생각한다.

마음이 안정된 사람은 어떤 의미에서 자신을 속이는 데 뛰어난 사람이다. 기분이 가라앉거나 좋지 않은 일로 긴장하여 **마음에 여유가 없을 때는 거울 앞에서 웃어보거나 차분한 표정을 지어보자. 기분을 의식적으로 바꾸어보는 것이다.**

물리학자 레오나르드 플로디노프(Leonard Mlodinow)는 그의 저서 《새로운 무의식》에서 이 현상을 '감정의 착각'이라고 불렀다. 감정을 바꾸고 싶다면 감정을 변화시키려 애쓸 것이 아니라 행동을 바꾸는 게 효과적이다.

▶ 누군가에게 친절을 베풀어보자

영어 면접을 앞두고 있다면 누구나 긴장으로 굳어져 있을 것이다. 자신 있는 주제의 질문을 받으면 좋겠지만, 전혀 예상하지 못한 질문이 던져질지도 모른다. 아무리 열심히 연습해도 긴장되는 것은 당연하다.

이럴 때 긴장을 푸는 방법으로 '미소 짓기'를 추천한다. 거울 앞에 서서 어떻게든 미소를 지어보는 방법도 확실한 효과가 있지만, 그 이상의 효과가 있는 것은 마음의 미소다. 주위에 있는 누군가에게 친절을 베푸는 등 바로 할 수 있는 것을 찾아보자.

지하철역에서 외국인 관광객이 곤란해하거나 길을 헤매고 있다면 말을 건네 도와주는 것도 한 방법이다. 여행지의 복잡

한 지하철과 버스 노선에 익숙하지 않아 당혹스러워하는 관광객에게 따뜻한 말 한마디는 무엇보다 큰 기쁨이 된다.

누군가를 미소 짓게 하면 자신도 저절로 미소를 짓게 되어 긴장이 풀린다. 감정은 행동을 바꿈으로써 컨트롤할 수 있다. 일이 잘 풀리지 않거나 고민이 있을 때는 스스로 웃을 수 있는 행동을 생각해보자. 감정을 잘 컨트롤하면 생활 리듬이 흐트러질 일도 줄어든다.

8

수첩에 자신과의
약속을 적는다

▶ **자신의 시간을 늘리려면**

갑작스럽겠지만, 당신의 스케줄 수첩을 한번 들여다보기 바란다. 오롯이 자신을 위해 사용하는 시간이 얼마나 될까. 모닝 루틴을 설계하는 궁극의 목적은 하고 싶은 것을 맘껏 하며 인생을 즐기는 데 있다.

매일 충실감을 맛보려면 시간 사용법을 바꿀 필요가 있다. 자기 이외의 누군가에 의해 정해진 스케줄로 활동하는 시간을 줄이고, 자기가 정한 스케줄로 활동하는 시간의 비율을 늘려야 한다.

1년을 시간으로 환산하면 8,760시간이다. 하루 수면 시간을 8시간으로 보면 활동하는 데 사용하는 시간은 5,840시간이다. 학생이나 사회인이라면 학업이나 일에 그 절반의 시간을 사용하므로 남는 시간은 2,920시간밖에 없다.

1년 중 자기를 위해 사용할 수 있는 시간은 전체 시간을 기준으로 최대 3분의 1밖에 되지 않는다는 계산이 나온다. 관점을 바꾸면 인생의 3분의 1 정도만 하고 싶은 것을 하며 자유롭게 살 수 있다.

하루 중 수면 시간 8시간을 제외한 나머지 16시간은 누구를 위해 사용하는가. 그 주도권은 누가 쥐고 있는가. 수면 이외에 자기가 가진 시간의 절반 이상이 누군가에 의해 정해진 스케줄이나 상황으로 소비되어서는 인생의 주도권을 가질 수 없다.

먼저 스스로 컨트롤할 수 없는 시간과 주도적으로 사용할 수 있는 시간이 얼마나 되는지 파악한다. 수면 시간을 깎는 것은 어불성설이므로 수면 시간이나 잔업처럼 스스로 컨트롤할 수 없는 시간을 줄여 다른 일에 사용하지 않도록 주의한다.

▶ 나만의 시간을 강제적으로 확보한다
대기업에 근무하는 F씨는 나의 컨설팅으로 일주일 스케줄을 정리해보고는 깜짝 놀랐다. 자신을 위해 사용하는 시간이 생각보다 훨씬 적었기 때문이다.

유럽 대학에서 MBA를 취득하려는 목표를 이루려면 불필요하게 소요되는 시간을 줄이는 것이 필수였다. 술자리도 우선순위가 높은 곳에 1차만 참석하는 등 명확한 기준을 설정하고 매일 헛되이 쓰는 시간을 줄여 자신을 위한 시간을 확보하도록 심혈을 기울였다.

일찍 일어나는 것을 최우선으로 여기지만 퇴근 후에도 집에서 공부하기로 했다. 먼저 한 주간의 스케줄을 확인하고 불필요하게 소모되는 시간을 강제적으로 빼내보고는 여유 시간을 만들어낼 수 있다는 걸 실감했다. 매일 확실히 공부할 시간을 확보한 F씨는 결과적으로 유럽 명문대학에서 MBA를 취득할 수 있었다.

보통 수첩에는 업무나 타인과의 약속을 적지만 **자신과의 약속을 적는 것도 중요하다**. 한 주간의 스케줄을 돌아보고 어떻게 하면 자신의 시간을 늘릴 수 있을지 생각한다.

자신과의 약속을 완수할 시간을 확보했다면, 그냥 넘기지 말고 고집스럽게 지켜내자. 그것이 나만의 시간을 만들어내는 가장 효과적인 방법이다.

9

매일 5분,
하루를 돌아본다

▶ 하루를 돌아보며 깨달음을 얻는다

당신은 하루를 돌아볼 시간을 두고 있는가. 내가 공부했던 케임브리지에서는 돌아보기의 중요성을 입이 닳도록 강조했다. 수업 내용이나 읽은 문헌을 그냥 지나치지 않고 반드시 다시 보게 했다.

생각해보면, 대학 입시나 케임브리지 유학을 목표로 공부할 때 항상 일기를 썼다. 기록은 그날그날의 진척 상황을 관리함과 동시에 자기효능감을 높이는 방법의 하나임을 심리학 공부를 하면서 배웠다.

현대는 할 일이 끊임없이 밀려드는 시대다. 의식적으로 돌아보는 습관을 갖지 않으면 하루가 훌쩍 지나버린다. 날마다 최고의 능률을 발휘하는 기쁨을 손에 넣고 싶다면 하루 5분이라도 좋으니 자신의 행동을 돌아볼 시간을 갖자.

나는 수강생들에게 특히 기록의 중요성을 강조한다. 대학생이었던 N씨는 노력파로 유학을 목표로 열심히 공부했다. 하지만 좀처럼 공부에 진전이 없자 어느 순간부터 자신감을 잃고 말았다. 시험이 다가오자 엄청난 압박에 괴로워하며 기분까지 푹 가라앉았다.

나는 N씨에게 과거에 썼던 공부 일기를 다시 읽어보라고 권했다. N씨는 원래 공부 일기를 쓰는 습관이 있어 과거의 기록을 전부 다시 읽을 수 있었다.

사람이 성장할 때는 일직선이 아닌 다양한 파도를 겪으면서 성장한다. N씨는 공부 일기를 다시 읽고서 과거에 다양한 단계에서 좌절감을 맛보았던 경험을 떠올렸다. 그리고 그때마다 꾸준한 노력으로 극복하고 성장해왔기에 지금의 자신이 있다는 사실을 깨달았다. 과거의 기록을 돌아봄으로써 현재의 괴로움도 언젠가는 극복할 수 있다는 힘을 얻은 것이다.

그 후 N씨의 성적은 눈에 띄게 향상되었고, 그는 꿈에 그리던 해외 유학을 거쳐 현재는 국제기관에서 일하고 있다. N씨는 지금도 매일 빠트리지 않고 꾸준히 일기를 쓴다고 한다. 기록이라는 단순한 행동이 큰 효과를 발휘하고 있음을 깨달은 것이다.

사람의 기억은 모호하지만, 기록은 거짓을 말하지 않는다. 그날 하루 일어난 일이나 느낌을 문자로 옮기는 것만으로 자신을 객관적으로 파악할 수 있다.

나는 대학 수험생 때부터 'DCAP'라는 심플한 일기를 써왔다. PDCA(Plan Do Check Action, 계획 실천 확인 조치를 반복해서 실행하여 목표를 달성하려는 기법-옮긴이)라는 말은 들은 적이 있을 텐데, DCAP는 그날 있었던 일을 돌아보고 순서에 따라 써 내려가는 것이다.

(Do) 무엇을 하였는가?
(Check) 그것은 어땠는가?
(Action) 어떻게 하면 더 좋아질까?
(Plan) 다음 계획은 무엇인가?

이런 식으로 단순하게 과정을 거슬러 하루를 간단하게 돌아보고 나 나름의 사고를 정리했다.

일기를 쓰면 이상과 현실의 격차를 가능한 정확하게 파악할 수 있다. 매일 밤 하루를 돌아보는 습관을 들임으로써 이상과 현실의 격차를 이른 단계에서 인식할 수 있다는 것이 일기의 효과다.

매일 하루를 돌아보고 문자로 옮기는 행위를 통해 자신을 객관적으로 바라보는 시간을 갖자. 분명 머리와 마음이 정리되어 산뜻해질 것이다. 좋은 날도 그리 좋지 않은 날도 있는 게 인생이다. 기록을 통해 마음에 안정을 찾는 구조를 만들어보자.

몸과 감정을 컨트롤한다.

조깅을 한다.

근력운동을 한다.

기록한다.

하루를 돌아본다.

체크

몸을 적절하게 움직여 마음을 정리하는 습관을 들인다.

방송인 오프라 윈프리의
모닝 루틴

알람을 사용하지 않는다.
함께 자는 개가 밖으로 나가고 싶어 하는
시간에 일어난다. 아무리 늦어도
오전 6시 20분까지는 기상한다.

양치질하고 카푸치노를 만들어
집 안에 있는 체육관으로 향한다.

러닝 머신과 윗몸일으키기 등을 포함해
50분간 운동한다.

그 후 남아 있는 시간에 따라 10~20분 명상을 한다.

오전 8시 30분, 곡물 토스트에 반숙 계란을
곁들여 아침 식사를 하고
하루 일정을 시작한다.

아침이 바뀌면 하루가 바뀐다. 현실에 갑갑함을 느끼는 사람은 일어나는 시간만 바꿔도 눈에 들어오는 풍경이 달라짐을 실감할 것이다.

이 책에서 나는 한 단계 더 도약하고자 하는 사람, 더 성장하고자 하는 사람, 그리고 지금 처한 상황에서 벗어나고자 하는 사람을 위해 수월하게 일찍 일어나고 쉽게 모닝 루틴을 만드는 방법에 대해 아낌없이 전하려고 했다. 모닝 루틴은 여러분에게 하나의 시작일지도 모른다.

"지식에 경험이 더해져야 비로소 뭐든 할 수 있다."

교세라 창업자 이나모리 가즈오 회장의 말이다. 자전거 타기와 마찬가지로 머리로만 이해해서는 할 수 없다. 꼭 실제로 할 수 있는 것부터 실천해보자. 그리고 자기 나름의 새로운 시도로 독창적인 모닝 루틴을 완성해보자.

무엇보다 억지로 일어나는 것이 아니라 아침 시간을 즐기는 것이 중요하다. **'아침 시간을 즐겁게 보내려면 어떻게 해야 할까?'라고 생각하는 것부터 시작해도 좋다.** 모닝 루틴이 정착되면 하루가 길게 느껴질 것이다.

아등바등 쫓기는 생활이 아니라 여유 있는 생활이 가능해진다. 마음에 여유가 생기면 생활 속에서 저절로 새로운 도전을 할 틈이 생겨난다. 새로운 작은 한 걸음이 큰 변화를 낳는 첫걸음이 된다.

이 책을 계기로 모닝 루틴을 유지하는 생활 습관을 지녀보자. 여러분의 하루하루가 지금 이상으로 즐거워진다면 더할 나위 없이 기쁘겠다.

또한, 이 책을 읽으면 #모닝루틴 #일찍일어나기 #아침습관 등의 해시태그를 붙여 인스타그램이나 트위터에 감상을 들려달라. 자신만의 모닝 루틴을 찍어 유튜브에 올리는 것도 좋다. 기다리고 있겠다. 나만의 모닝 루틴을 완성해 아침 시간을 만끽하는 분이 한 분이라도 더 늘어나기를 진심으로 기원한다.

버티컬 위클리 플래너 (예시)

이번 주 나와의 약속	월	화	수
	날짜	날짜	날짜
	수면 시간: 기상 시간:	수면 시간: 기상 시간:	수면 시간: 기상 시간:
	1	1	1
	2	2	2
	3	3	3
	4	4	4
·	5	5	5
	6	6	6
	7	7	7
	8	8	8
·	9	9	9
	10	10	10
	11	11	11
	12	12	12
	13	13	13
·	14	14	14
	15	15	15
	16	16	16
	17	17	17
·	18	18	18
	19	19	19
	20	20	20
	21	21	21
	22	22	22
	23	23	23
	24	24	24
	☐ 운동 ☐ 체중 확인 ☐ 내일 목표 쓰기	☐ 운동 ☐ 체중 확인 ☐ 내일 목표 쓰기	☐ 운동 ☐ 체중 확인 ☐ 내일 목표 쓰기

Vertical Weekly Planner

목	금	토	일
날짜	날짜	날짜	날짜
수면 시간: 기상 시간:	수면 시간: 기상 시간:	수면 시간: 기상 시간:	수면 시간: 기상 시간:
1	1	1	1
2	2	2	2
3	3	3	3
4	4	4	4
5	5	5	5
6	6	6	6
7	7	7	7
8	8	8	8
9	9	9	9
10	10	10	10
11	11	11	11
12	12	12	12
13	13	13	13
14	14	14	14
15	15	15	15
16	16	16	16
17	17	17	17
18	18	18	18
19	19	19	19
20	20	20	20
21	21	21	21
22	22	22	22
23	23	23	23
24	24	24	24
☐ 운동 ☐ 체중 확인 ☐ 내일 목표 쓰기	☐ 운동 ☐ 체중 확인 ☐ 내일 목표 쓰기	☐ 운동 ☐ 체중 확인 ☐ 내일 목표 쓰기	☐ 운동 ☐ 체중 확인 ☐ 내일 목표 쓰기

하루를 설레게 만드는 작은 습관
모닝 루틴

초판 1쇄 발행 2020년 3월 5일
초판 4쇄 발행 2023년 1월 17일

지은이 쓰카모토 료
옮긴이 장은주

펴낸이 이승현
출판1 본부장 한수미
와이즈 팀장 장보라
편집 선세영
디자인 this-cover.com

펴낸곳 ㈜위즈덤하우스   **출판등록** 2000년 5월 23일 제13-1071호
주소 서울특별시 마포구 양화로 19 합정오피스빌딩 17층
전화 02) 2179-5600   **홈페이지** www.wisdomhouse.co.kr

ISBN 979-11-90630-24-5 03190